JN012451

保険業界2.0

野口俊哉

株式会社きんざい

保険業界2.0

保険業界2.0　目次

4 現在の保険業界を取り巻く環境 071

1 はじめに

新型コロナウイルス感染症（COVID-19）の感染拡大は一向に終息する気配を見せず、2019年度に発生したこのウイルスは世界中の人々の生活様式を大きく変えてしまいました。日本においても2020年の初頭から感染者が現れ始め、ついには2020年4月に緊急事態宣言の発令という事態に至りました。その後も第2波、第3波と次々に新たな波が訪れ、その度に緊急事態宣言の発令が行われるなど、長期間にわたって落ち着かない状況が続いています。根本的な解決方法と思われていたワクチンについては、多くの国民が接種可能な状況になってきていますが、次々に変異株が登場するなど、人々はこれからも感染防止対策に追われることになります。

2002〜2003年に流行したSARS（Severe Acute Respiratory Syndrome）のときは、その危険性がメディアで叫ばれましたが、ほとんどの日本人にとっては正直なところ対岸の火事でした。今回の新型コロナウイルス感染症は、パンデミックが身近に感じられる人生初めての経験だったのではないでしょうか。どのような行動様式をとれば感染しないで済むのかに人々の意識が集中し、生活スタイルの変更を余儀なくされた人も少なくありません。また、多くの産業においてビジネスの進め方を根本から見つめ直す必要性に迫られました。

保険業界についても同様です。特に生命保険においては、募集人がお客様と面談して、根気よく説明した後に保険に加入してもらう募集スタイルがかつての王道でした。どこの喫茶店に行っても、生命保険の募集人がお客様に保険の説明をしている光景が当たり前のように繰り広げられていました。しかし、感染拡大により、ソーシャルディスタンスを取ることが大前提となり、お客様と対面で話すことが困難な状況になってしまいました。その結果、募集人による対面販売を中心としている生命保険会社の売り上げは軒並み急落しました。生命保険会社によっては、売り上げが50%以上も下落することもあったほどです。それを受けて、今ではほとんどの生命保険会社が、対面ではなくオンラインで生命保険を効果的に販売できる仕組みづくりに精力的に取り組んでいます。

一方、対面の募集人が介在せず、通信販売やインターネットのみで保険を販売する、いわゆるダイレクト系の保険会社は、今回のコロナ禍で売り上げを大幅に増加させることに成功しました。ダイレクト系の損害保険会社は、規制緩和で損害保険商品のダイレクト販売が可能になった１９９６年頃に産声を上げて以降、主に自動車保険のインターネットを通じた販売を中心として着実に売り上げを伸ばしてきました。今では、ダイレクト系の損害保険会社のテレビＣＭを毎日欠かさず見かけるほどになり、ビジネスモデルは成功を収めているといえます。このダイレクト系の損害保険会社の成功を横目に、インターネット専業の生命保険会社はおよそ10年遅れの２００８年に産声を上げ、一時は生命保険業界の内外から多くの期待と注目を集めました。しかし、開業して数年で売り上げの伸び悩みを見せるなど、ダイレクト系の損害保険会社と比べると、とても順調とはいえない状況が続きました。さらに、対面販売が中心であった多くの生命保険会社が、インターネット申し込みのシステムを構築するなど、インターネットを通じた生命保険の販売市場に参入してくるプレイヤーの数は増え続けましたが、市場規模は期待どおりには膨らまず、限られたパイを多くの生命保険会社が食い合う状況が続いていました。ところが、コロナ禍で、インターネット系の生命保険会社は売り上げを大きく伸ばすことに成功しました。考えられる大きな理由として、お客様が募集人と面談する必要がなく、好きなタイミングで保険の申し込みができること、在宅勤務のお客様にとって、高額な買い物である生命保険に関してじっくり考える余裕ができたこと、現在や将来の自身の生活に不安を感じるお客様が増えたことなどが挙げられます。いずれにしても、停滞していたダイレクト系の生命保険会社にとって神風が吹いた状況になり、ビジネスを再活性させることに成功しました。

一方、保険業は余程のヒット商品を産み出さない限り、売り上げを一気に拡大させることが難しいビジネスですが、このコロナ禍という状況を利用して、ゲームチェンジしようと目論む意欲的な保険会社もいくつか現れました。新型コロナウイルスに罹患した場合の保障や新型コロナウイルスの感染により損害を被った場合の補償を充実させた保険商品を発売することにより、感染に不安を抱えているお客様の心理に寄り添うことが可能になり、かなりの売り上げを見込むことができるからです。大地震が発生すると地震保険の加入率が上がることが知られていますが、これとよく似ています。もちろん、このような保険商品は、同時に多数の保険金請求が発生する集積リスクが高く、保険が本来持つリスク分散機能が働かないため、国内において新型コロナウイルス感染爆発が起きた場合は、支払率が急激に悪化して多額の損失を被る可能性があることから、保険会社にとってハイリスク・ハイリターンの保険商品といえます。したがって、このような保険商品の発売にあたっては、自社の置かれている状況と販売効果を勘案した慎重な判断が必要になります。

また、保険業界全体に対して、新型コロナウイルスに関する社会からの強い支援要請があったことも事実です。お客様が困っているときに助けになるのが、保険会社の使命といえますが、「普段はお客様の不安を煽って高い保険料を徴収しているくせに、いざ未曽有の危機に直面したら何も支援しないのか」という圧力が保険業界へ数多く寄せられました。ある保険会社がお客様に対して何らかの特別対応をした際は、競争上の観点もあり、多くの保険会社は追随して同様の特別対応を取るケースも多く見られました。例えば、本来は入院することが医療保険の支払要件であるにもかかわらず、自宅療養でも入院給付金を支払ったり、契約者貸付における金利の適用を免除したりするなど、多くの生命保険会社や損害保険会社は、できる限り多くのお客様を経済的にサポートする活動を行ってきました。

今回の新型コロナウイルスはいずれ終息することになると思われますが、ソーシャルディスタンスなど、人々の間で醸成された新しい意識や行動規範は簡単には元に戻らないと思います。そのような中で、保険業界も社会環境の変化にあわせてビジネスモデルを大きく変革する必要に迫られています。ただし、今回の新型コロナウイルスの感染拡大によって保険会社が全く違う方向へ進むことになったとは、私は考えていません。本来進むべき方向に、新型コロナウイルスの感染拡大が加速度をつける起爆剤となって一足飛びで進むことになったと考えています。20年ほど前から世の中の購買手段や通信手段が、人や紙を介するものからインターネットへ徐々に移っているにもかかわらず、保険業界だけが旧態依然としたビジネス慣習を続けると考えること自体が不自然です。例えば証券会社の場合、かつては対面販売が中心であり、精力的な営業活動により証券業界を活性化させてきましたが、今ではインターネットによる販売割合が高くなり、「将来は一部のインターネット証券会社しか生き残れない」と断言する専門家もいるほどです。保険と証券は同じビジネスではありませんが、保険業界だけ無風でいられることはありえません。

さらに、商品開発競争の激化、低金利環境や自然災害の増加など、保険業界を取り巻く環境は厳しさを増す一方です。

つまり、現在の保険業界は変革期を迎えており、今後ビジネスの内容や進め方が大きく変わっていくことが予想されますし、変革できない保険会社は淘汰される可能性があります。それがこの本のタイトルである「保険業界2.0」の意味するところであり、それを伝えたいと思って筆をとりました。

それでは、保険業界が今後どのような方向に進んでいき、ビジネスモデルがどのように変わっていくのかについて解説していきたいと思います。

なお、本書に書かれている内容は、私の個人的見解であり、所属する会社の意見を代弁するものではないということを申し添えておきます。

2 アクチュアリーを目指して保険会社へ

大学受験時は、将来医師になりたいと願い、医学部を受験したものの失敗して断念。理工学部に進学しましたが、専門職への興味は尽きずに悶々とした学生生活を過ごしていました。そのような中、ふとしたことがきっかけでアクチュアリーの存在を知りました。数学の知識を活かせる専門職で働きながら受験が可能という点が魅力的であり、将来の進路をアクチュアリーが多数在籍する保険会社へ絞りました。

そして、大学を卒業した後は損保アクチュアリーになることを夢見て、三井海上火災保険に入社しました。自分ではアクチュアリー候補としての採用だと思っていましたが、研修後に告げられた最初の赴任地は山梨支店でした。大学4年生のときに、アクチュアリー試験の1次試験全科目（当時6教科）を受験という大見得を切っておきながら、全敗という惨憺たる結果に終わったため、今考えるとある意味当然のことであったといえます。要はアクチュアリー候補として全く期待されていなかったということです。そこで当初は主に営業支援業務を行っていましたが、すぐに不祥事が発生した営業部門に異動して代理店を担当することになりました。前任者がトラブルを起こして営業数字を落としていたため、ひたすら頭を下げ続けて謝罪することで自然に営業数字が上がる（回復する）という幸運に恵まれました。アクチュアリー試験の1次試験に何科目か合格し、営業成績が好調であったことや、多くの代理店新設に成功したことなどもあり、3年後には本店にある第三分野商品の商品開発、商品営推、アンダーライティングなどを担当する部署に異動することになりました。

昔は自動車保険料率算定会と損害保険料率算定会が、自動車保険、火災保険や傷害保険の営業保険料率を算出しており、損害保険会社はこの営業保険料率を使用することが義務付けられていました。また、それぞれの保険種目に対して幹事会社が存在しており、自動車保険は東京海上火災保険、火災保険は安田火災海上保険、傷害保険は三井海上火災保険と決まっていました。今でも生命保険協会や日本損害保険協会においては大手数社が毎年輪番で協会長会社を務めていますが、この幹事会社は毎年替わることがありませんでした。私の所属していた部署は幹事会社の窓口として損害保険業界全体の対応も行っており、さらに当時は保険業法の改正や日米保険協議の開催も重なったこともあり、毎日目まぐるしく多忙な日々を過ごしていました。中でも日米保険協議等に関連して大蔵省とやりとりする機会が多く、毎日夜中まで働き、1年間で土日を含めて1日も休めない日々が続きました。

ある日曜日の深夜に車で帰宅しようとして、靖国神社の前で車にぶつけられたことがありました。加害車両から反社会的勢力とおぼしき人達が大勢降りてきて、なぜかぶつけられた私が脅されるという不幸な事件もありました。加害者側が加入していた損害保険会社のセンター長が加害者側を恐れて逃げ出してしまい、保険金を払ってもらうまで長時間を要したことは、今ではいい思い出です。

損害保険業界を代表した活動を行いつつ、自社の商品開発、商品営推、アンダーライティングなどの業務を幅広く行っている中で、保険の自由化がいきなり進展しました。私自身にとって直接関係がある最初の自由化商品は、他損保の追随でしたが所得補償保険の天災危険担保特約だったと記憶しています。この時期は、毎朝新聞を読むのが嫌でたまりませんでした。他社が新商品を発売する記事が掲載されていると、すぐに追随商品を開発しないといけないため、毎日ハラハラしながら過ごしていました。

4年間この部署に在籍して、後で数えたら、ちょうど50回監督官庁の認可を取得していました。平均して1か月に1回以上という異常なハイペースでした。

また、そのときに長年のライバル企業であった住友海上火災保険と合併することを新聞で知り驚きました。というのも、前日まで、日本火災海上保険と興亜火災海上保険と3社合併するということで話が進んでおり、頻繁に打ち合わせをしていたからです。この頃は、毎日のように業界を動かすニュースがあり、右往左往していました。

その後は、数理業務を行う部署へ一部の仕事を持って異動しました。三井海上火災保険と住友海上火災保険の合併記念商品の開発を進めると同時に、統計システムを活用して毎日数百万件以上のデータ分析を行っていました。毎日誰とも話さずに大量データと睨めっこという仕事は初めての経験でしたが、データ解析の重要性を学ぶいいきっかけでした。

そして三井海上火災保険と住友海上火災保険が合併して三井住友海上火災保険になると、法人営業部門に異動しました。以前は住友海上火災保険の本店営業一部一課と呼ばれていた部署で、住友海上火災保険と懇意にしている法人顧客を中心とした営業部門でした。お客様の中には、かねて住友海上火災保険のファンであり、三井海上火災保険が嫌いと公言している人もいたので、自分の出身をオブラートに包むこともありました。自分としては7年振りで2回目の営業部門への配属であり、今度は法人営業のため新たな知識が必要であったことから苦労しましたが、今になって考えると相当役立つ経験をさせてもらったと感謝しています。

法人営業を担当していた時期に、アクチュアリー試験の2次試験に合格したこともあり、その後は自身が希望していたシティバンクグループとのジョイントベンチャー企業へ出向することができました。半年後にシティバンクグループが保険事業をメットライフグループへ売却したため、社名が三井住友海上メットライフ生命保険に変わっています。そこでは、変額年金保険や外貨建年金保険の商品開発、再保険、数理決算、USへのレポートなどを担当していました。自身にとって、生命保険業界は初めての経験である上、Accessなどのアプリケーションを使うことも初めてであり、金融工学の知識もなく、メールも英語で書いた経験がないなど、初めて尽くしの環境の中で最初の数か月は非常に苦労しましたが、それ以降は業務を楽しむことができました。特に、今までの職場では、ほとんどの同僚が三井住友海上火災保険のプロパー社員で愛社精神が高かったのですが、この会社では三井住友海上火災保険から出向している社員以外は全員が転職経験者ということもあり、全く新しい考え方や文化に触れる良いきっかけになりました。しかし、私は三井住友海上火災保険からの出向者であるにもかかわらず、レポートラインがUSのメットライフ生命ということもあり、時折二重スパイのような気持ちになることもありました。

その後は、SBIグループが日本初のインターネット専業生命保険会社を立ち上げる話に興味を抱き、人生初の転職にチャレンジしました。しかし面接に行ったところ、SBIグループとアクサグループのジョイントベンチャーであることがわかり、商品開発部門ということでアクサグループでの採用となりました。入社前はほとんどの当局折衝は終わっていると聞いていましたが、入社翌日から3か月間で70回の当局折衝を行うなど、久しぶりに土日昼夜問わず働く経験をしました。ここでは当初は商品開発部門で働いていましたが、保険業界における経験が少ない社員が多く在籍していたため、他部門についてもサポートする機会が多くあり、新たな知識の吸収に大いに役立ちました。さらに開業後数年でアクサグループの完全子会社となって社名変更した後は、営業管理、広報やマーケティングといった領域についても担当することになり、非常に多くのことを学ぶ機会に恵まれました。今までの生命保険業界においては、営業職員や保険代理店といった募集人が自らマーケティング活動を行う役割を務めており、生命保険会社自身がマーケティング活動を行う必要性はほとんどなかったといえます。しかし、インターネット専業生命保険会社の開業時は、Ｗｅｂ系保険代理店もまだ十分成長していなかったこともあり、自らマーケティング活動をして見込み客を自社のＷｅｂサイトへ誘導するという全く新しい取組みが求められました。そのため、ｅコマース企業やインターネット損害保険会社などの会社から、Ｗｅｂマーケティングに精通した専門的な人材を積極的に採用して、自社のマーケティングスキルを高める必要性に迫られました。

インターネット専業生保で5年ほど働いた後、２０１２年にチューリッヒ生命に転職しました。話を聞いた当初は自動車保険で有名な損害保険会社と勘違いしていました。恥ずかしながら生命保険会社に勤めているものの、このとき初めてチューリッヒ生命の存在を知りました。当初はお断りするつもりでしたが、超低空飛行を続ける生命保険会社を一から立て直すというミッションに興味を惹かれて、人生2回目の転職を決意しました。商品開発、マーケティング、広報、ブランディング、ＣＳＲなどを担当していますが、これらは生命保険会社にとって全く異なる機能ではなく、非常に密接な関係にある機能であると考えています。例えば、実際に商品開発をする際は、まずはどのような社会的な背景や意義があるかを考え、続いて、商品コンセプトや対外的なメッセージを作り、その後に具体的な保障内容を決めるというプロセスをとるからです。そういう意味でいえば、商品開発、マーケティング、広報などが完全に別の部署である大手生命保険会社と比べると、全く異なる商品開発プロセスを採用しているといえます。この点が小さい生命保険会社ならではの強みであり、私みたいにいろいろな領域にチャレンジしてみたい人間には合っていたようです。

3 保険業界のターニングポイント

日本の保険事業は長い歴史を持ちます。日本に保険制度を最初に紹介したのは福沢諭吉とされており、最初の海上保険会社が1879年に設立されてから140年以上が経過しています。この長い歴史を持つ日本の保険業界において、過去に何度かニューノーマル、つまり今まで常識であったことが一変する出来事が起きており、保険業界の方向性を決めてきました。私が保険業界で働いてきたのはせいぜい30年です。保険業界全体の歴史から見れば微々たる期間ではありますが、その間にもいろいろな出来事がありました。

以下、私が実際に保険業界で働いている間に起こった出来事を中心として、近年の保険業界における変換点となり、現在の保険業界に多大な影響を与えていると考えられる出来事に関して説明していきます。もちろん、同じ保険業界に勤務していたとしても、働いている保険会社や立場などによって、受け止め方は全く異なるかもしれませんが、その点はご容赦願います。

(1) 1965年の分野調整

戦後、日本の経済復興や高度成長にあわせて、保険業界は順調に市場拡大を続けるとともに社会的使命を果たしてきました。なお、保険契約の分類は、「損害保険契約は偶然の事故を条件とする損害てん補契約であり、生命保険契約は人の生死を条件とする定額支払契約である」と商法で定められていたため、傷害保険、疾病保険、所得補償保険などは生命保険と損害保険のいずれに属するのかという疑問について、保険業界関係者や学者などを巻き込んで長い間論争が行われてきました。そして、1965年に当時の監督官庁であった大蔵省より、主に次の分野調整が明確に打ち出されました。

・傷害保険については、生命保険会社は単品販売できず、他の商品と組み合わせで販売することとする

図表1　保険業法第3条における保険の分類

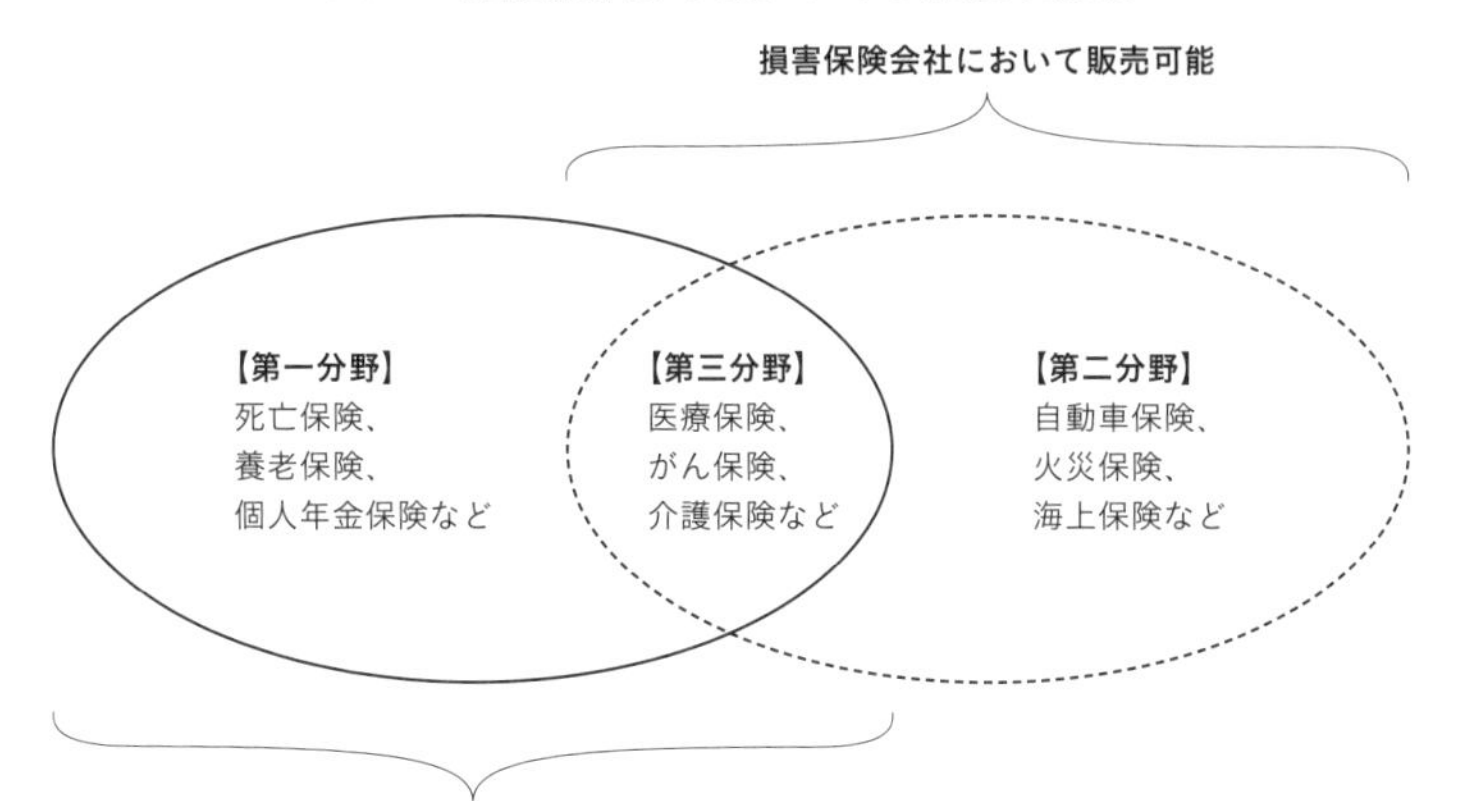

出所：筆者作成

・疾病保険については、原則として生命保険会社が販売するが、既に販売している損害保険会社の商品は認める

その後も何度か、生命保険と損害保険の分野調整が行われました。生命保険会社は「入院日数1日につき1万円が受け取れる」といった定額保障タイプの医療保険を発売し、損害保険会社は「公的医療保険の自己負担額や差額ベッド代」などの、お客様の医療機関における自己負担額を補償するタイプの医療費用保険を発売するなど、生命保険業界と損害保険業界は長きにわたり分断してきました。その後、1996年の保険業法の改正に始まった保険商品の規制緩和と自由化により、医療保険、介護保険、

傷害保険などのいわゆる第三分野商品について、生命保険会社と損害保険会社の双方による販売が完全解禁されました。

そして、生命保険会社および損害保険会社において販売可能な商品は、図表1のとおり明確化されました。

現在の保険業界においても、生命保険と損害保険の間には大きな壁があるように感じられます。人材の交流はほとんどなく、大地震が発生したときや新型コロナウイルスの感染拡大が起こったときも、「生命保険業界では…」、「損害保険業界では…」と分離して議論が進められることがほとんどです。お互いに対抗意識を燃やしているのではないかと思えることも多々あります。なお、お客様にとって保険は保険であり、生命保険と損害保険を明確に区別して考えるお客様はほとんどいません。また、海外では、同一の保険会社が生命保険と損害保険を同時に取り扱うことを認めている国もあります。しかしながら、このような歴史的な背景があり、日本においては生命保険と損害保険の壁は今後も強固に残り続けるであろうと考えられます。そういう観点でいえば、1965年に行われた第三分野商品の分野調整は、象徴的な出来事でした。

(2) コンサルティング・セールスの登場

生命保険業界は、１社専属の営業職員（保険外交員）、いわゆる「生保レディ」と呼ばれる販売チャネルに支えられて、戦後大きな発展を遂げてきました。その中で昔の主力商品は、養老保険や定期付終身保険でした。定期付終身保険とは、例えば定年年齢の60歳までは家族の生活費や子供の教育費に充てるため保険金額５０００万円の高額保障があり、それ以後は自身の葬儀費用に充てるため保険金額３００万円の終身保障があるといった商品内容ですが、これに災害割増特約等のいくつかのオプション保障が付加されているパッケージ商品が販売の中心でした。これはある意味合理的な保障内容であるといえますが、お客様の年収、家族構成やライフスタイルなどに応じた緻密な商品設計が行われていないことが多々あったようです。

このような中、１９８０年前後に日本の生命保険業界に新しく参入した生命保険会社が、お客様の各種状況に応じた詳細なコンサルティングを行って生命保険の加入に繋げるという営業スタイルを導入しました。会社によって名称が異なるものの、この営業職員がライフプランナーなどといわれる職種です。主に異業種からの転職者で構成され、個々のお客様に応じたライフプランシミュレーションを行い、生命保険の販売を行うという営業スタイルが功を奏して、日本の生命保険業界に大きな影響を与えることになりました。ただし、特定の生命保険会社の1社専属で保険を販売する営業職員という点でいえば、生保レディと同じです。

一般的に、お客様が生命保険に加入するケースを大きく分けると、

①今まで加入していなかった保険商品に新規加入
②加入している保険契約の見直し
③加入している保険契約に保障を上乗せするために追加加入

という3パターンがあります。この中の「②加入している保険契約の見直し」の提案を行うという営業手法は、このときに確立したのではないかと考えています。なお、生命保険の加入率が極めて高い現在において、「お客様の事情にあわせた合理的な提案内容により既にお客様が加入している保険を見直す」という営業手法は、今では一般化しており、営業現場において取られる有効な販売手法の一つとなっています。

私も営業社員時代には、お客様から生命保険契約の見直しをお願いされた経験が何

度もありますが、現在加入している保険契約に不安を感じているお客様が非常に多かったものです。実際に加入している保険商品の保険証券を見せてもらえるまでお客様と人間関係を構築できれば、生命保険の切り替えは成功したのも同然といえます。

現在、保険ショップなどの募集代理店をはじめ、保険販売の現場においてはお客様のニーズを詳細に把握してコンサルティングを行うことが必須となりましたが、その基本形はこのときに誕生したのではないかと考えています。

(3) 自動車保険の架空契約問題

車を購入して任意保険に加入した経験がある人であれば誰でも知っていると思いますが、自動車保険において、所有または使用している自動車数が9台以下のお客様についてはノンフリート等級制度の対象となります。原則として初年度は6等級が適用され、一年間事故がなければ1等級ずつアップして保険料の割引率が拡大していき、最終的に20等級まで上がることが可能です。反対に、事故を起こせば翌年の等級がダウンします。ダウンする等級は事故によって異なりますが、保険料は上がることになります。事故率の低い人の保険料を安くして、事故率の高い人の保険料を高くするという合理的な考え方から作られています。

新車購入時に車両保険を付帯した自動車保険に加入した場合、初年度の保険料は一般的に非常に高額になります。新車購入に際して多額の出費が必要である点も考慮すると、自動車保険の保険料負担はお客様にとって重荷になります。もっとも、自動車保険に加入せず自動車を運転して人身事故を起こした場合をイメージすると、自動車保険に加入しないという選択肢はなかなか取りづらいものです。なお、保険加入の翌年以降は、無事故が続けば等級が上がる上に、車両保険の保険価額（保険金額）も下がるため、保険料は年々下がっていきます。この自動車保険の新規加入時における経済的負担を軽減しようと悪用された裏技が自動車保険の架空契約でした。昔は自動車保険の加入に際して、募集人が自動車の現物や車検証等を確認する必要はありませんでした。そのため、適当な車両情報を申込書に記入して、「対物１００万円のみ」などの最低レベルの保険金額で加入すれば、自動車保険の年間保険料は数百円という極めて少額となりました。実物の自動車は存在しないため、当然のことながら事故が起こるはずもありません。数年経過して自動車保険の等級が上がるのを待ち、その後実物の自動車を購入した際に、自動車保険契約において車両入替の異動処理を行えば、はじめから高い割引率が適用されるため、新車購入時の自動車保険の保険料を非常に安

図表2　自動車保険の架空契約の仕組み

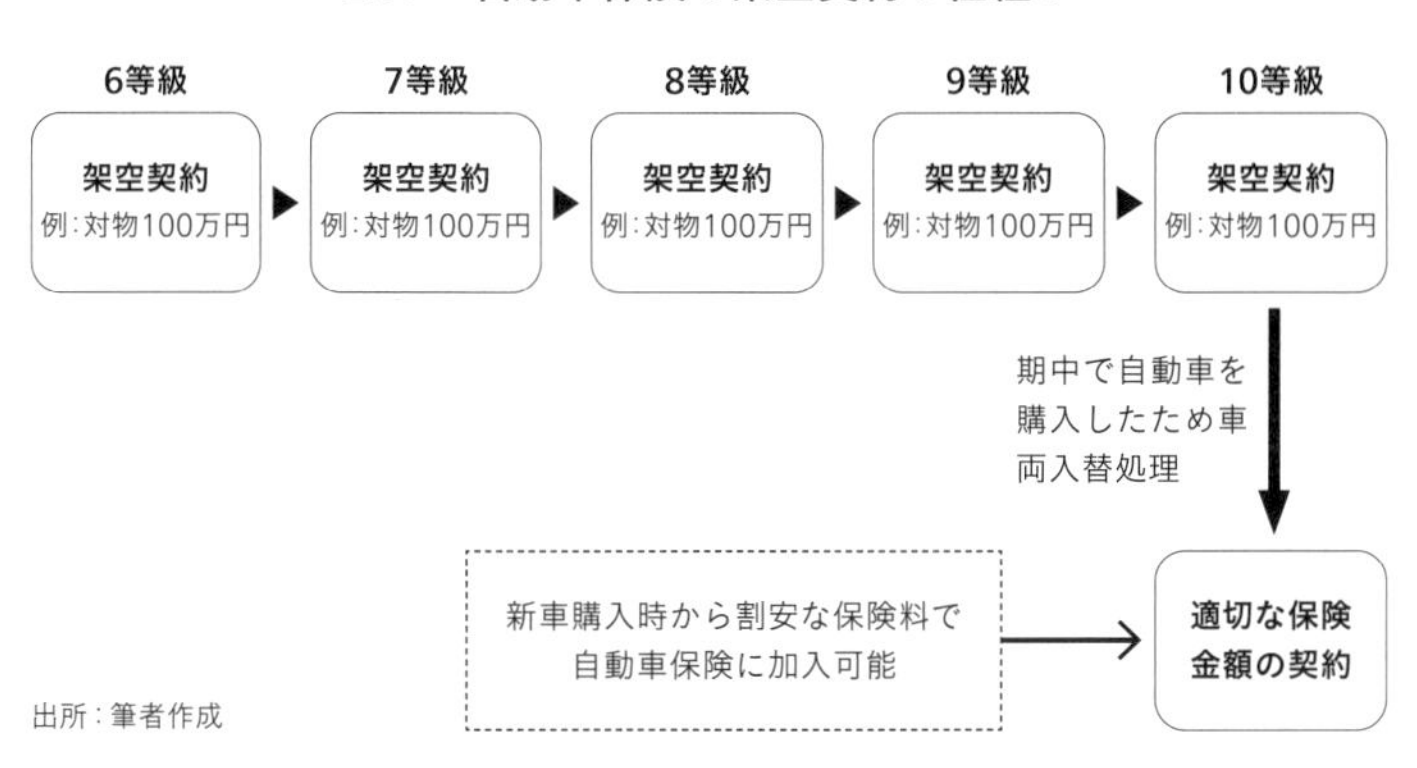

出所：筆者作成

くできました。この手法は、損害保険業界において広く行われており、私も加入を勧められたことがありました。複数の架空契約を保有している人もいました。イメージとしては図表2のとおりです。

しかし、1994年に某損害保険会社の研修生がこの架空契約を斡旋するチラシを当局幹部の自宅に配ったことにより問題が発覚して、損害保険業界における大問題に発展しました。その後、各損害保険会社は、すべての自動車保険契約に対して車検証等による現物確認を行うなど大掛かりな是正対応を行いました。当時、私は損害保険会社で営業社員として多くの募集代理店を担当していましたが、担当代理店において架空契約と疑われる自動車保険契約が150件以上もあったため、大変厳しい思いをしました。毎日深夜まで募集代理店の人と一緒にお客様の自宅をまわって頭を下げて現車の確認を行い、架空契約と判明した自動車保険契約の取消処理や、保険料の追徴をお願いするなど、苦労して是正を図った記憶があります。

損害保険業界においては、この問題を契機として、自動車保険のみならず保有契約の確認徹底が図られました。例えば火災保険における構造級別の確認など、多くの損害保険契約の確認および是正対応が図られました。つまり、自動車保険の架空契約問題は、単なる一つの出来事ではなく、損害保険業界におけるコンプライアンスマインド醸成に大きく寄与する出来事であったと考えています。これ以降、損害保険会社におけるコンプライアンス部門の機能は強化され、自助努力で問題を発見して、契約の是正や処分を行う内部体制が構築されました。

この問題が生じる前のことですが、私が担当である某大学の校舎新築に際して、火災保険の相見積りが行われたことがありました。高額の保険契約になることが確実なため、張り切って構造級別を確認し、見積書を提出しましたが、他の損害保険会社に保険料面で負けてしまいました。後になってよくよく原因を調べてみたところ、引受けした損害保険会社は不適切な構造級別により割安な保険料を提案していたことが判明しました。当時はやり切れない思いを抱えていましたが、その契約も今では是正されているはずです。

現在の保険業界においては、法令遵守は基本となる行動指針であり、どの保険会社においてもコンプライアンスマインドの醸成に力を注いでいますが、自動車の架空契約問題がきっかけの出来事の一つであったと考えています。

(4) 保険の規制緩和と自由化

1980年代まで、ほぼすべての生命保険商品や損害保険商品は、販売する保険会社によらず、保障（補償）の内容や保険料はすべて同一でした。

さらに、生命保険業界において、医療保険やがん保険などの第三分野の保険商品については、実質的に中小の国内生命保険会社や外資系の生命保険会社のみ販売が許され、大手生命保険会社は死亡保険の特約の形に限って販売が許されていました。そのため、単品の医療保険やがん保険は、一部の外資系生命保険会社が市場を独占する状態となっていました。

ところで、損害保険業界において、自動車保険は自動車保険料率算定会、火災保険や傷害保険は損害保険料率算定会（以下、「算定会」という）が保険約款や営業保険料率を策定しており、損害保険各社はこれを使用することを義務付けられていました。つまり、商品開発競争とは縁遠い世界であったといえます。商品内容に優劣がないため、法人が契約者となる保険契約は、同じ企業グループに所属している、株式を保有している、人的交流があるなどの関係性により引受保険会社が決まることがほとんどでした。もちろん、今でもこの関係性は企業が引受会社を決める上で重要なファクターになっています。

しかし、1990年頃から規制緩和と自由化を求める声が強くなり、多くの有識者会議等が開催されました。その結果、1996年4月に保険業法の全面改正が実施されました。これにより、その後5年にわたり実施された保険の規制緩和と自由化が幕を開けたといえます。1996年から2001年までの5年間は、保険業界の歴史上、類を見ないほど変革が行われた時期であり、保険業界で働く人は日々飛び交う関連ニュースに一喜一憂していました。当時、私は損害保険業界で働いており、第三分野商品の幹事会社の一員として業界を代表した活動を行いつつ、開始のベルが鳴らされた規制緩和の波の中で競合他社と熾烈な商品開発競争を行っていました。また、他の損害保険会社との合併協議やそれに付随する業務も行っていたため、この時期は寝食

図表3　1996年の保険業法改正で定められた主な事項

①子会社方式による生命保険および損害保険の相互参入の解禁
②保険商品および保険料率の届け出制の導入
③損害保険料率算定会の見直し
④保険仲立人（保険ブローカー）制度の創設
⑤ソルベンシー・マージン比率の導入
⑥保険契約者保護基金制度設立
⑦ディスクロージャー規定の整備

出所：筆者作成

を忘れて働かざるを得ない状況が続きました。今でもそのときの波瀾万丈の流れを振り返ると、万感の思いが尽きません。

それでは、この5年間の動きを、保険業法改正、日米保険協議、日本版金融ビッグバンの3つに分けて説明したいと思います。

【保険業法改正】

まず、1996年4月には保険業法の全面改正が行われ、図表3にあるように新たな規定が数多く定められました。これらについては、現在の保険業界に多くの影響を与えています。

なお、この保険業法改正を受けて、多くの生命保険会社や損害保険会社はこぞって子会社の保険会社を立ち上げました。生命保険会社は損害保険子会社を、損害保険会社は生命保険子会社を設立して、今後の自由化に備えました。しかし、今となっては損害保険会社の生命保険子会社はその多くが存続しているのに対し、生命保険会社の損害保険子会社はほとんどが存続していません。この理由については諸説ありますが、私が考える理由は次のとおりです。

・一般的に保険期間が長くて保険料単価も高い生命保険と比べると、損害保険は、保険期間が1年で保険料単価も安く、保険契約1件当たりの収益性が総じて低いため、生命保険と比べて薄利多売のビジネスであるといえる。そのため、親会社である生命保険会社にとって、損害保険子会社の経営を続けるメリットが感じられにくかった。

・損害保険会社が販売する保険商品は莫大な数があるが、それらの保険商品に対応した専門の保険金支払体制を構築する必要がある。特に自動車保険や火災保険は生命保険会社のように本店で集中対応するわけにはいかない。したがって、専門的な人材の採用など保険金支払体制の構築に長期間や多額のコストを要してしまった。

なお、規制緩和や自由化の前までは、ほぼすべての保険の商品内容は各社同一であったため、保険という商品は販売できれば、ほぼ確実にある程度の収益が期待できる構造でした。そのため、生命保険会社や損害保険会社におけるパワーバランスの頂点は、たいていは営業部門でした。しかし、規制緩和や自由化以降は商品開発競争が激しくなり、各社が独自の保険約款や保険料を用いるようになったため、収益率は相対的に下がることになりました。販売ターゲット層によっては収益率がマイナスになるケースも出てくるなど収益構造の分析が必須となったため、保険会社の経営者に求められる資質は全く異なるものになりました。

ところで、私が90年代に損害保険会社で第三分野商品の開発を担当していた当時は、販売する医療費用保険の売り上げが伸びずに悩んでいました。そのような中、生命保険業界においては外資系生命保険会社が定額保障の医療保険の売り上げを着実に伸ばしていました。そのときは、損害保険会社の医療費用保険が売れない理由について、実損補償型の商品のためではないかと考えていました。つまり、定額保障型の医療保険で、例えば1日入院するごとに1万円を受け取れる商品の場合は、10日入院すれば10万円を受け取れるとお客様がイメージしやすい点が販売量に大きな影響を及ぼして

図表4　医療保険と医療費用保険の違い

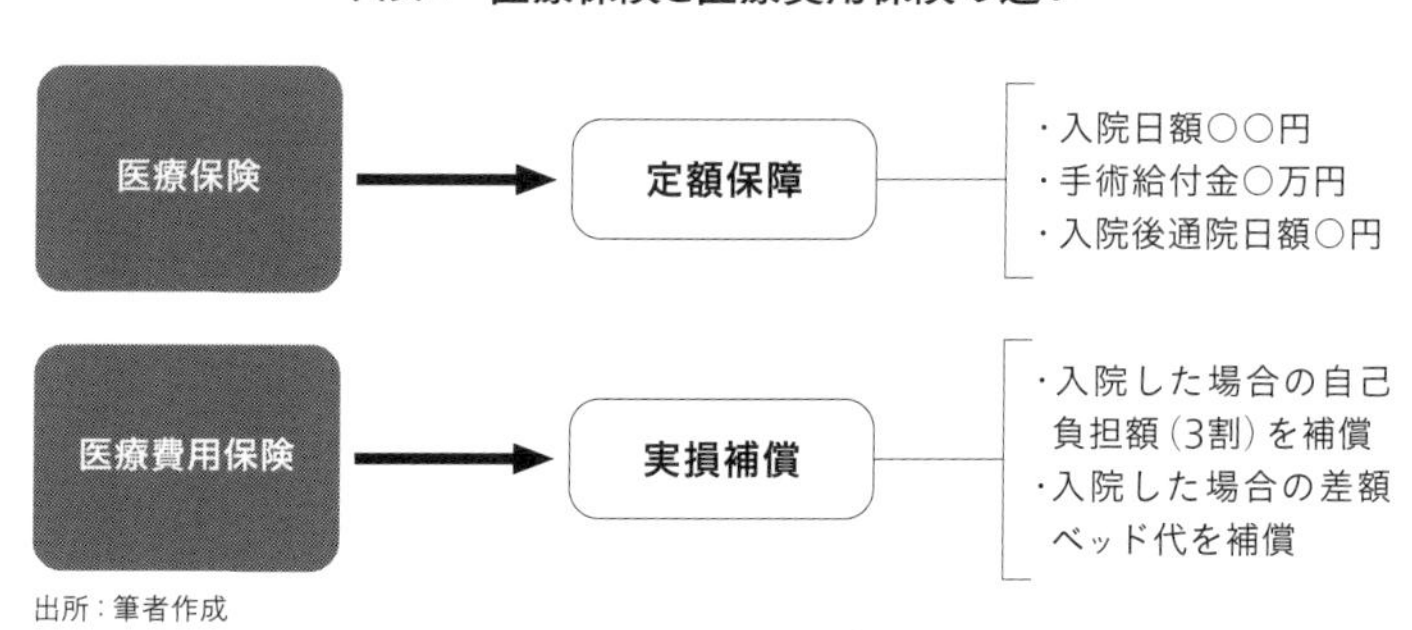

出所：筆者作成

いると考えていました。一方、生命保険会社に勤めていた知人は、実損補償型の医療費用保険を販売できる損害保険会社を羨ましく思っていると言っていました。ともに隣の芝生が青く見えただけであろうと思います。

なお、この保険業法改正前に生命保険会社、損害保険会社で販売されていた医療保険、医療費用保険の違いについては図表4のとおりです。

私自身がその後に生命保険会社で働くようになって気づいたことは、自動車保険や火災保険の販売と医療保険の販売は全くの別物であるということです。損害保険の場合、自動車購入時や住宅購入時に必要に迫られて税金を支払うのと同じような感覚で加入するケースが多くありますが、個人マーケットに密着したマーケティング活動はあまり行われていません。一方、生命保険の場合、営業職員等の募集人が、普段から地域に根付いたきめ細かい営業活動を行うことにより、個人顧客と関係を密にしています。さらに、医療保険という商品自体が、自動車保険や火災保険よりも死亡保険に近い性質を持っているため、死亡保険の販売時にあわせて傷病リスクのニーズ喚起を行うことが可能なため、死亡保険を普段から販売している人の方が医療保険を販売しやすいと考えられます。

【日米保険協議】

保険業法改正の余韻がまだ残っている１９９６年12月に、日米保険協議が決着しました。その合意内容は金融システム改革法に盛り込まれ、結果として損害保険料率算出団体に関する法律や保険業法のさらなる改正が行われることになりました。これにより、届け出制の対象保険商品の拡大、自動車保険や火災保険などの算定会料率の使用義務の廃止や付加保険料率の算出の廃止、第三分野における生命保険会社や損害保険会社本体による相互参入が決まりました。

なお、算定会は引き続き、自動車保険、火災保険、傷害保険、介護費用保険の参考純率を算出し、会員である損害保険各社はこれを参考とし、独自の付加保険料率を賦課して営業保険料率を算出できることとなりました。なお、自賠責保険と地震保険については、公共性が極めて高いため引き続き基準料率（営業保険料率）を算出することとなりました。

これを受けて、1997年にリスク細分型自動車保険が当局に認可され、損害保険業界における本格的な商品開発競争が幕を開けました。

ただし、外資系保険会社がほぼ市場を独占しているといえた第三分野の解禁につきましては、激変緩和措置が取られることになりました。その結果、2001年1月に大手生命保険会社と損害保険会社の子会社である生命保険会社に対して第三分野商品の販売が解禁され、大手損害保険会社本体による市場参入については、同年7月を待たなければならなくなりました。

この経過措置について、当時私は日本の損害保険会社に勤めていたこともあり、不平等条約のように感じて忸怩(じくじ)たる思いを抱きました。しかし、後年、米国系損害保険会社で米国側をサポートしていた友人と話す機会がありましたが、向こうは向こうで同じように、もやもやした気持ちを抱いていたとのことでした。

なお、医療保険やがん保険といった、傷病等に起因して状態が変化した場合や、入院した場合に給付金を支払う保険のことは以前より第三分野と呼ばれていましたが、生命保険業固有の分野として人の生死に関する保険のことを第一分野、損害保険業固有の分野として偶然な事故による損害に対する補償に関する保険のことを第二分野と呼ぶのは、この時期あたりから行われたように記憶しています。

その当時に勤めていた損害保険会社は第三分野の幹事会社でしたが、それまでは比較的のんびりした雰囲気の中で働いていました。なぜなら、すべての損害保険会社は、算定会が作成した同一の保険約款と保険料を使用して営業活動を行っており、各社ほぼ横並びであったからです。そのような護送船団の中で守られていたにもかかわらず、規制緩和と自由化により、いきなり大海原の真ん中に放り出された心境となりました。損害保険会社におけるメインの販売チャネルは、複数保険会社の商品を取り扱う乗合代理店でしたが、このとき以降は毎日のように各保険会社が新たな商品を開発して世に送り出していたため、その対応に追われる日々を過ごすこととなりました。ただし、商品開発に関しては、まだ社内の理解が十分でなかったこともあり、自分一人で対応を迫られることも多々ありました。そのため、日中は全国の営業課支社からの各種問い合わせ対応に追われ、土日に商品開発業務をやらざるを得ない日々が続きました。当時は月200時間を超える残業も珍しくありませんでした。今では考えられない労働時間であり、当時の損害保険業界における商品開発の熱量が凄まじいものであった証であると記憶しています。

なお、企業分野については、保険約款も含めて1999年に届け出制に移行したため、損保各社の競争は一気に激化しました。例えば、2000年代に入って私が営業で担当していた巨大企業の火災保険に対して、競合他社が当社の10分の1の保険料水準という信じられない保険料引き下げ提案をして契約を奪われたこともありました。しかし、その後は、損害保険業界として根拠のない保険料割引は許されない状況になり、多くの損害保険契約について契約内容の是正が図られました。

一方、生命保険会社においては、大手生保の主力である販売チャネルが1社専属の営業職員であったこともあり、一気に商品開発競争が起こることはありませんでした。しかし、新たに参入した損害保険会社の生命保険子会社が魅力的な保険商品を世に出し始めました。それまで、保険料の計算に用いる基礎率は予定死亡率（予定危険発生率）、予定利率、予定事業費率の3種類でしたが、予定解約率を新たに導入して、解約時の解約返戻金額を抑えることにより割安な保険料水準とする生命保険商品を開発しました。今では、医療保険やがん保険といった第三分野商品のほとんどは解約返戻金が無く保険料が低廉なタイプとなっていますが、このときに創出されたものです。

図表5　銀行において販売が解禁された保険商品

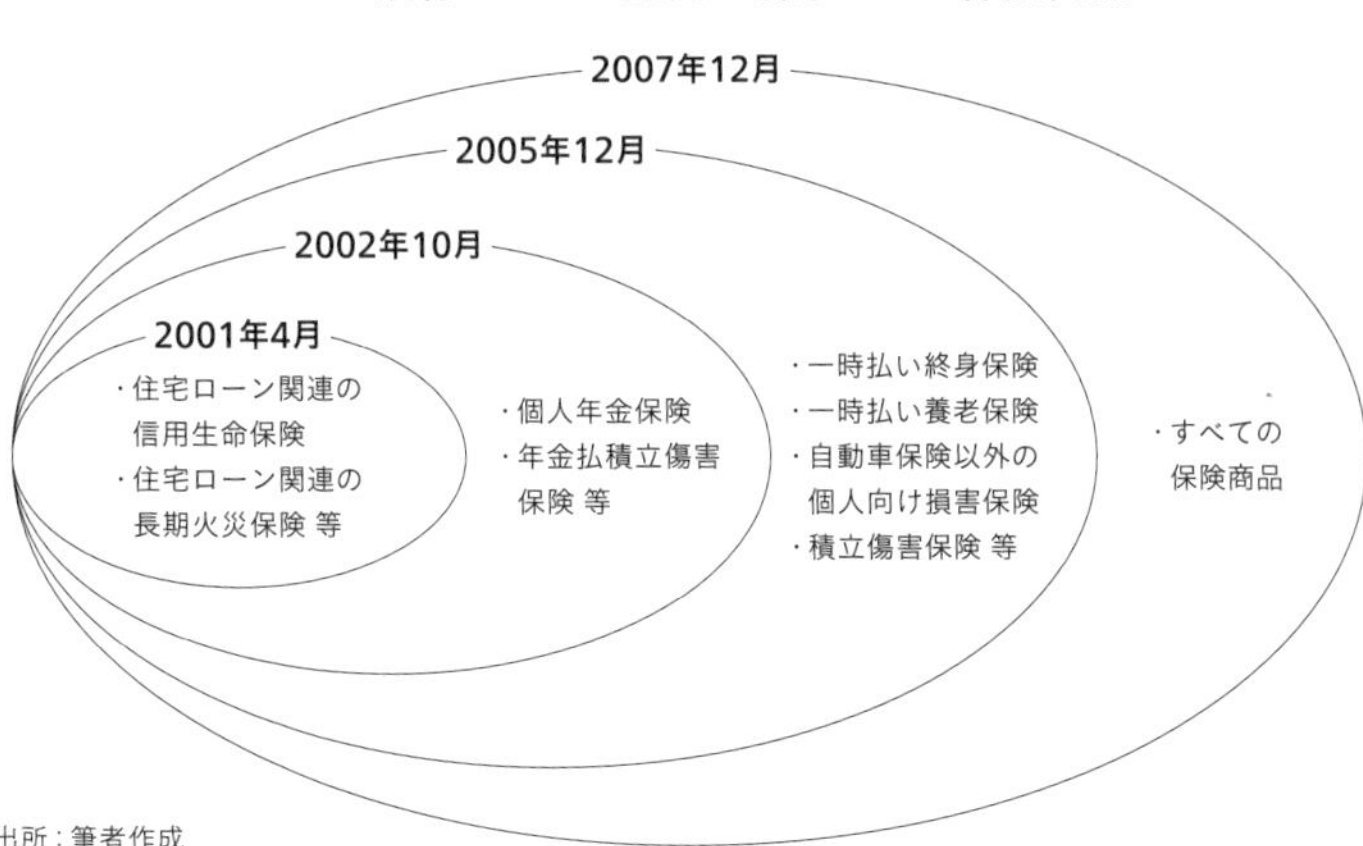

出所：筆者作成

【日本版金融ビッグバン】

日本版金融ビッグバンとは、日本の金融市場をニューヨークやロンドンと並ぶ国際金融市場とすることを目指して、1996年から2001年度にかけて実施された大規模な金融制度改革であり、1996年に当時の内閣によって提唱された金融システム改革のことを指します。金融業界における三本の柱である銀行、証券、保険の相互参入が認められることになり、さらに独占禁止法の改正により金融持ち株会社も解禁となりました。

そして、2001年から銀行窓口における保険商品の販売なども認められるようになりました。ただし、銀行は社会的な影響力が非常に強く、お客様に与える弊害の可能性が高いとの理由から保険業界が強く反対していたこともあり、保険商品の窓口販売に関する対象商品は、時期を分けて段階的に認められることとなりました。また、証券会社においては1998年12月からすべての保険商品が販売できるようになったものの、銀行においては図表5のとおり2007年12月まで待たなければなりませんでした。

もっとも、全面解禁以降も、銀行が保険販売を行う際にあたって導入された各種の弊害防止措置については、継続的な対応が求められています。

なお、この動きを受けて、2000年代に銀行窓販専用の生命保険会社が数社立ち上がりました。開業当初の中心商品は変額年金保険であり、その中でも売れ筋は元本保証型の商品でした。多くの銀行窓販専用の生命保険会社は、銀行ごとに異なる保険商品を開発し、異なるペットネームをつけて販売していました。当時私も、銀行窓販専門の生命保険会社で商品開発を行っていましたが、契約1件当たりの一時払い保険料の平均額が数百万円以上と非常に高額であり、巨大銀行の場合は年間数千億円の保険料収入があるのを目の当たりにして、銀行の持つ影響力の強さを深く認識したものです。

図表6　1997年から2008年にかけて経営破綻した保険会社

年度	経営破綻した保険会社
1997年	4月：日産生命保険相互会社
1999年	6月：東邦生命保険相互会社
2000年	5月：第一火災海上保険相互会社 第百生命保険相互会社 8月：大正生命保険株式会社 10月：千代田生命保険相互会社 協栄生命保険株式会社
2001年	3月：東京生命保険相互会社 11月：大成火災海上保険株式会社
2008年	10月：大和生命保険株式会社

出所：筆者作成

これらの保険の規制緩和と自由化は、日本の保険業界における過去最大の出来事であったと言っても過言ではありません。この時期の前後で保険業界は全く別のものとなり、規制緩和と自由化により現在の保険業界の基礎が生み出されたと考えています。

(5) 保険会社の破綻

バブル崩壊後の1997年から2008年にかけて、図表6のとおり生命保険会社8社と損害保険会社2社が経営破綻して世間を騒がせました。

1997年に生命保険会社が破綻したとき

は、救済保険会社がなかなか現れなかったこともあり、1996年の保険業法改正で設立された保険契約者保護基金の問題点が明らかになりました。この状況を受け、1998年には生命保険契約者保護機構と損害保険契約者保護機構が新たに設立され、日本で免許を有する保険会社は契約者保護機構に加入することが義務付けられること となりました。また、保険会社が破綻して救済保険会社が現れない場合は、契約者保護機構自体が保険契約を引き継ぐルールも策定されました。

ちなみに、この時期に多くの保険会社が破綻した理由はいくつかありますが、高い予定利率の保険商品を多数販売していたものの、バブル崩壊等で低金利状態が続いたため、逆ザヤとなってしまったことが最大の原因です。実際、当時は「日経平均株価が8000円を下回ったら、ほとんどの生命保険会社は生き残れない」という記事がメディアを賑わせていました。なお、この問題は今でも多くの生命保険会社に爪痕を残しており、高い予定利率を設定した過去の保険契約を数多く保有する生命保険会社は、未だに逆ザヤに苦しんでいます。

本来の保険会社の存在意義は、お客様を取り巻く数多くの不確実なリスクを引き受けてそれを平準化し、保険料という一定額に収斂（しゅうれん）させることにあります。しかし、今までに保険商品の危険発生率のミスプライシングにより多額の死亡差損や危険差損を生じさせて経営破綻した保険会社というのは聞いたことがなく、そのほとんどは運用リスクの顕在化により終焉を迎えている点は注目に値します。

なお、このことを教訓として、保険会社とりわけ生命保険会社は、保険商品の予定利率の設定に関して、慎重な姿勢に変わりました。現在の保険業界は、商品開発競争が激化して薄利化の傾向にありますが、後述する２０２５年の資本規制の導入とあわせて、今後も予定利率は保守的に設定することが求められます。

⑹ 損害保険会社の統廃合

２０００年代に入り、金融グループの再編と今後直面する規制緩和や自由化に対応するため、多くの損害保険会社が統廃合を繰り返しました。その結果として、今では損害保険会社の数は随分と減ってしまい、インターネット自動車保険などの特定分野に特化した損害保険会社を除くと、３メガ損害保険会社に集約されてしまいました。未だに保険会社数が増える一方である生命保険業界とは対照的な状況です。

なお、損害保険会社が統廃合を繰り返したものの、生命保険会社がほとんど統廃合を行っていない理由としては、次のとおり考えられます。

・損害保険は生命保険と比べると薄利多売のビジネスであり、統廃合による事業費の圧縮効果が高く、統廃合が競争上必須であるため

・損害保険会社において多くの従業員が働く保険金支払部門は専門性が高く、統廃合によるメリットを受けやすいため

・大手生命保険会社の多くは株式会社ではなく相互会社であり、会社形態上合併が困難であるため

・損害保険契約の保険期間は原則1年であるのに対して、多くの生命保険契約の保険期間は長期であり、保有契約のシステム統合が困難であるため

もともと生命保険業と損害保険業では保有するリスクや保険期間が異なり、各種の決算数値を単純比較できません。しかし、損害保険会社が規制緩和や自由化に対応するために統廃合を繰り返したことを考慮しますと、現在激しい商品開発競争が繰り広

げられている生命保険会社についても、いずれ統廃合が行われる可能性が高いと考えられます。

(7) 保険金の不払い問題

お客様は、将来に何か問題が生じた場合に備え、保険会社を信用して保険料を払います。一方、保険会社は、保険に加入しているお客様が保険会社に請求し、保険会社側が調査をして問題がないと判断した後に保険金を支払います。これが一般論ですが、本来支払われるべき保険金が支払われないケースが多数発生していたという、保険業の根幹にかかわる出来事が、２００５年から２００７年にかけて発生した保険金の不払い問題です。

保険金の不払い問題は、保険業界内の話にとどまらず社会問題化したため、結果として保険業界の信用は大きく失墜しました。また、多くの保険会社に対して、業務改善命令や業務停止命令が下され、その後の監督当局によるフォローアップは２００９年まで続くことになりました。

この問題には、実はいろいろなパターンが混在しており、それらをまとめて保険金の不払い問題と呼んでいますが、おおむね次のパターンに分類されます。

①保険加入時の告知に際し、募集人が健康状態に関する正しい情報を書かないように勧めるなどの助言を行うなど、お客様に責任がないにもかかわらず、保険会社が詐欺無効を理由として保険金を支払わなかった。

②告知事項とは因果関係がない保険事故であるにもかかわらず、告知義務違反を理由として保険金を支払わなかった。

③主契約のみならず、付帯している特約からも保険金が支払われることに保険会社が気づかなかった。あるいは単純な事務ミスにより、保険金や遅延利息を支払わなかった。

④お客様への案内が不十分だったことにより、保険金の請求漏れが起きて、保険金を支払わなかった。

⑤火災保険等において、適用できる割引があるにもかかわらず適用せずに、結果としてお客様が割高な保険料を支払っていた。

右記の中には、悪質なものとそうでないものが混在しています。しかし、本事案が社会問題化したことを受けて、⑤のように保険金の不払い問題には直接該当しないと考えられる案件まで焦点があたることとなりました。しかし、お客様と保険会社の間で情報量の非対称性がある中で、弱者であるお客様の立場を中心に考えるべきであることを、この問題が気づかせてくれたといえます。正直なところ、それまでの保険会社は業界内の論理でのみ動いており、お客様から保険金の請求がない場合に、保険金を支払わないことはやむを得ないという雰囲気があったように思います。それが白日の下に晒されたため、結果として保険業界がお客様目線で考えるきっかけとなった出来事であったといえます。

なお、この問題が生じた背景としては多々ありますが、保険の自由化が進展して、多種多様な保険商品が発売されたこともその大きな原因として挙げられます。保険の自由化が始まった90年代の終わりに、私は毎日のように第三分野商品の開発を行っていましたが、ある商品を開発する際に保険金支払部門の人から言われたことを今でもよく覚えています。

「他社が先行販売している商品の追随で、当社も競争上同じ商品を出さなければいけないことは理解するが、実際に保険金を支払う場面のこともよく考えてもらいたい」

確かに、それまではイケイケドンドンで、画期的な新商品を開発することや他社が出した商品を追随することのみに意識が集中してしまい、実際にお客様が困ったときに、保険金の支払いがスムーズに行えるかどうかを意識することがほとんどなかったのも事実です。保険という商品においては、保険金を受け取るときがお客様にとってのメインイベントであることを考えますと、赤面の至りでした。その頃は他社も同じような状況であったため、いずれ保険業界の大問題に発展するのではないかと危惧していましたが、数年後に実現してしまいました。

この保険金の不払い問題の顕在化により、すべての生命保険会社と損害保険会社は保有契約に対する膨大な確認作業が求められました。また、それ以降も、お客様に対する保険金の請求勧奨を行い、保険事故の発生有無について定期的な確認が求められるようになりました。

また、保険金の不払い問題に関する報道が数多くあったため、もともと好印象を持たれていなかった保険業界に対する一般のお客様のイメージは一層悪くなってしまい、今に至ります。多くの著名人や芸能人が保険会社や保険商品を非難するニュースは今でもよく見かけます。反対に保険を褒めるような記事はほとんど見かけませんし、読者の受けも悪いと知り合いの記者の人から教えてもらいました。この問題の発生当時、朝のニュース番組を寝ぼけ眼で聞いていたところ、「保険会社は駅前に大きいビルを構えているし、どうにもおかしいと思っていた！　やっぱり保険会社は悪いことをやっていたのだ」と、有名キャスターが憤慨して話していたのを未だに覚えています。このような保険会社のネガティブな風評が、保険会社への不信感を醸成し、結果的に今では巨大市場となった保険ショップの拡大を後押ししたと考えています。現在、多くの保険会社において、保険金の不払い問題は絶対に起こしてはならない課題と認識されており、その撲滅に向けて多大な労力を払っています。

余談ですが、「保険会社は保険金をなるべくお客様に支払いたくないので、支払わなくて良い理由を積極的に探している」と小説やドラマなどで描かれることがありますが、このような考えは早計です。保険会社で長く働いている経験者として申し上げますと、保険金を支払えるのであれば、なるべく支払ってお客様を助けてあげたいというのが本音です。ただし、本来保険金を支払えない保険事故であるにもかかわらず、保険金を無理やり支払うという行為は、保険の公平性を歪めて保険制度の存続自体を危ぶむ行為であるため、許されないと思います。

⑻ リーマン・ショックと変額年金ビジネスの鎮静化

前述のとおり、2000年代の初めから銀行窓販が解禁され、銀行の窓口や証券会社で貯蓄性の保険商品が数多く売られるようになりました。解禁当初に主役であった保険商品は、保険料が一時払いの変額年金保険でした。定年退職を迎えた方の退職金や富裕層の運用資金などをリスク分散する目的で、販売が積極的に行われていました。バブル崩壊後の金利が低い水準で推移しており、円建て個人年金保険の商品魅力が乏しかったこともあり、株式市場が順調に成長してきたことを背景として、変額年金保険の市場は急拡大しました。生命保険会社1社の年間収入保険料が1兆円を超えることもありました。そのため、本市場に参入するプレイヤーである生命保険会社の数も次第に増えていきました。

なお、この変額年金保険ですが、契約を1件販売した場合の初年度の手数料は、当時で5%以上の水準でした。つまり、1000万円の契約を一本獲得できれば直ちに50万円以上の手数料が入ることから、金利収入の低下に苦しんでいた銀行は積極的に販売を推進していました。一方、生命保険会社側の収入は、お客様の特別勘定残高から毎日少額ずつ徴収する保険関係費であり、契約時に募集手数料と新契約費の負担が非常に大きいため、販売にあたっては多額の資本金を必要としました。そのため、特殊な再保険契約を締結して、この契約時の負担を減らす対応をとっていた生命保険会社が多くありました。ただし、お客様の資産を運用する特別勘定が確実に成長を続ければ、お客様、募集代理店としての銀行、生命保険会社の3者ともにWin-Winのビジネスモデルであるはずでした。しかし、リーマン・ショックにより株式市場が大きく下落したため、変額年金保険の販売ブームは一気に下火を迎えることになりました。変額年金保険の中でも人気があったのは年金原資保証タイプですが、再保険に出再していない生命保険会社の場合は将来の年金支払いに備えた資本金の積み増しが必要になり、再保険に出再している生命保険会社の場合は、再保険料が高騰して保険関係費を超えるという逆転現象に直面してしまい、変額個人年金保険の販売継続について厳しい経営判断を迫られることになりました。一般的な保障を目的とした保険であれば、全国における多数の偶然な傷病や事故のリスクを幅広く引き受けることにより、リスク分散を図ることができますが、変額年金保険の場合はリスクがほぼ同じ方向を向いていたためリスク分散を図ることができず、リーマン・ショックにより一気にすべてのリスクが顕在化することになってしまったためです。

なお、リーマン・ショック以後は、変額年金保険の代替商品として外貨建年金保険が生命保険会社における貯蓄性の代表的な保険商品となり、銀行窓口において積極的に販売されるようになりました。

しかし、近年は外貨建年金保険が積極的に販売されていたものの、商品内容が複雑で苦情が多く発生したことや、昨今の米国や豪州における金利低下の影響もあり、最近では多くの生命保険会社が、保険料平準払いの変額年金保険の販売に積極的です。今後も外部環境に応じて、生命保険会社が販売する貯蓄性商品は変節していくのであろうと考えます。

⑼ 保険法の施行

保険会社が遵守しなければならない法律やガイドラインは数多くありますが、その代表格として従来より保険業法があります。一方、契約者保護に関する規定の一部は、もともと保険業法ではなく商法に規定されていました。しかし、2010年4月に保険法という新たな法律が施行され、この一部の規定が商法から保険法へ移行しました。

また、これにあわせて、保険会社は保険法の内容に沿った形で、事業方法書、保険約款や保険料の算出方法書などの基礎書類を大きく見直すとともに、社内の数多くの実務オペレーションの大幅な見直しが求められることになりました。

この保険法に規定されることになった主なルールは次のとおりです。

①一部の規定について、法律の規定よりも保険契約者等に不利な内容の保険約款の定めは無効とする片面的強行規定が導入

②告知に際して、従来は保険契約者等による自発的申告義務であったが、保険会社からの質問のみに応答すればよい質問応答義務へ変更

③保険給付の履行期が明確化され、適正な保険金支払いのために必要な調査のための合理的期間が経過した場合は、保険会社は遅延利息の支払い義務を負うことが明確化

④質権者・差押債権者・破産管財人など、保険契約者以外の解除権者による解約に対

して、保険金受取人が一定条件下で保険契約の継続を申し出ることができる介入権が新設

⑤保険契約者等が保険金を不正に取得する等の目的で故意に保険事故を発生させるなどの重大事由による場合、保険会社が契約を解除できる規定が新設

⑥従来の商法による保険料不可分の原則が廃止され、解約や死亡等で保険契約全体または一部が消滅した場合や保険料払込免除になった場合、払込保険料に未経過期間があれば保険料相当額が返還される規定が新設

この保険法の施行に際して、すべての保険会社は実務面での対応が可能かどうかについて、かなりの時間をかけて慎重に検討を行い、結果として社内管理体制のさらなる高度化や保険事業の今まで以上に厳格な運営が求められることとなりました。保険会社にとって非常に負担の大きい法律の施行でした。

保険金の不払い問題から保険法の施行にかけての一連の出来事により、保険業界全体が契約者保護の方向へ全面的に舵を切ることになり、今に至っています。

⑽ ニューチャネルの台頭

損害保険業界における主要販売チャネルは、従来より企業グループ内のインハウス代理店である機関代理店や保険専業のプロ代理店でした。

一方、生命保険業界における主要販売チャネルは、「生保レディ」と呼ばれた1社専属の営業職員（保険外交員）でした。第二次世界大戦でご主人を亡くした方が営業職員の主戦力として活躍し、戦後の日本の高度成長とあわせて生命保険の市場を拡大していきました。最盛期には生命保険業界全体で営業職員は約40万人在籍し、2021年3月末でも約24万人といわれています。この営業職員が今日の日本の生命保険業界の基盤を作り上げたことは間違いありません。昔は多くの企業の入社式に営業職員がやってきて、生命保険の加入を促すという行為が繰り広げられ、新社会人にとっての一つの儀式となっていました。生命保険会社は保険販売をこの営業職員の人脈や営業力に頼ることが多く、他の産業と異なって、自社でマーケティングのノウハウを養う必要はほとんどありませんでした。

しかし、2005年に個人情報保護法が施行されるなど企業や従業員の情報管理が厳しくなってきたため、今では営業職員が企業の職場や食堂等に自由に押し掛けることは難しくなり、従来型の保険募集スタイルは変更を余儀なくされることになりました。

そんな折、2000年前後に出現した保険ショップをはじめとした乗合代理店が急速に売り上げを伸ばし始めました。欧米における保険販売において中心的な役割を果たす保険仲立人（保険ブローカー）は、日本においては1996年の保険業法改正で設立されることになりましたが、残念ながら一般的にほとんどその存在を知られていません。このような環境下で、保険ショップをはじめとした乗合代理店が、毎年着実に市場規模を拡大しています。

乗合代理店は保険会社との間で募集代理店委託契約書を交わしており、契約成立の対価として募集手数料を受け取るため、どこの保険会社にも属さずに保険会社から独立した形で保険契約の仲介を行う保険仲立人（保険ブローカー）とは立ち位置が異なる存在です。しかし、基本的には中立の立場で、複数の保険商品からお客様のニーズにあわせた最適な保険商品を提案するという募集スタイルがお客様から高く評価され、今では生命保険業界において強い影響力を持つ存在となりました。そのため、今では大手生命保険会社も、保険ショップ専用の生命保険子会社を設立するなど、力を入れています。

自社の保険商品を販売するのではなく、なぜわざわざ乗合代理店専用の生命保険子会社を立ち上げて販売をしているのかと疑問を抱く方が大勢いますが、営業職員と乗合保険代理店で販売される生命保険商品が大きく異なる点が理由として挙げられます。営業職員は1社専属であり、他社の商品と比較されることなくお客様のニーズに合った保険商品をじっくりと提案できるため、非常に手厚い保障内容となっていますが、総じて保険料水準は高くなります。一方、乗合代理店は複数の保険会社が提供する保険商品から選別してお客様に提案するため、比較的シンプルな保障内容で競争力のある保険料水準に設定することが求められます。昨今は特にこの保険料競争が激しく、各社ともある程度収益性を犠牲にして保険料の引き下げを行うことでマーケットシェアの獲得を狙っています。つまり、両販売チャネルにおいて販売する保険商品の内容が全く異なるため、別途生命保険子会社を立ち上げる必要があるわけです。

ところで、このご時世においてはインターネットを使ったビジネスは不可欠となっています。損害保険業界においては、１９９０年代終わり頃から通販専用の自動車保険を主力商品とする損害保険会社が設立されてきました。最初は郵便や電話を通じた販売でしたが、次第にインターネットを通じた販売に主軸が変わり、今では通販型自す。

動車保険のシェアは、自動車保険マーケット全体の7％を超えるまでに成長していま

一方、生命保険業界については損害保険業界に遅れること約10年、2008年に初めてインターネット専業で生命保険を販売する保険会社が2社開業しました。当時私もインターネット専業生命保険会社を立ち上げるべく、2007年に準備会社へ転職し、入社日の翌日から、3か月で数十回も監督当局を訪問して認可折衝を繰り返しました。夜は自分自身の歓送迎会に参加して、また会社に戻って夜中まで翌日の認可折衝資料を作るという日々を続けていたため、2008年3月に日本初のインターネット専業生命保険会社の認可取得に至った際の感激はひとしおとなりました。なお、開業当初は生命保険業界におけるインターネットのシェアが10年ほどで極めて高い水準まで引き上がることを想定しており、新たな潮流に対するメディアからの期待も非常に高かったのですが、残念ながら販売実績は芳しいものではありませんでした。

その理由は、大きく3点あると考えています。

まず一つ目の理由ですが、お客様にとって生命保険は積極的に加入意向が働くものではなく、自分のライフスタイルが変化したり、周りの人が病気になったり亡くなったりした際に加入意識が生じるという受け身の商材であることが挙げられます。日本

人にとって、保険を含めた金融商品全般のリテラシーは非常に低いのが現状です。事故がイメージしやすく加入意向が働きやすい自動車保険や火災保険などと異なり、自身で最適な生命保険商品を選択できるお客様は、残念ながらほとんどいません。

続いて二つ目の理由ですが、生命保険会社におけるマーケティング能力の欠如が考えられます。先述のとおり、営業職員や代理店などの募集人が生命保険を販売する場合、見込み顧客を見つけるなどのマーケティング活動は当該営業職員や代理店自身が行っているケースが大半であり、生命保険会社にマーケティングのノウハウが蓄積されていませんでした。しかし、生命保険会社が営業職員や代理店を介在せずにインターネットを通じて直接お客様へ販売する場合、自社でマーケティング活動を行って見込み顧客を誘導し、契約成立まで繋げる必要があります。

そして最後の三つ目の理由ですが、提供する保険の商品内容にあると思います。インターネットで生命保険を販売する場合、お客様にご理解いただくためにシンプルでわかりやすい保障内容で低廉な保険料水準に設定することが求められます。ただし、直接お客様に面談しないため、お客様が保険金や給付金を不正に請求しようというモラルリスクが生じやすくなる点を商品開発時に考慮する必要があります。そのため、多額の一時金が受け取れるなど、お客様から見て魅力的な保障内容にすることが難し

図表7　直近加入契約（民保）の加入チャネル

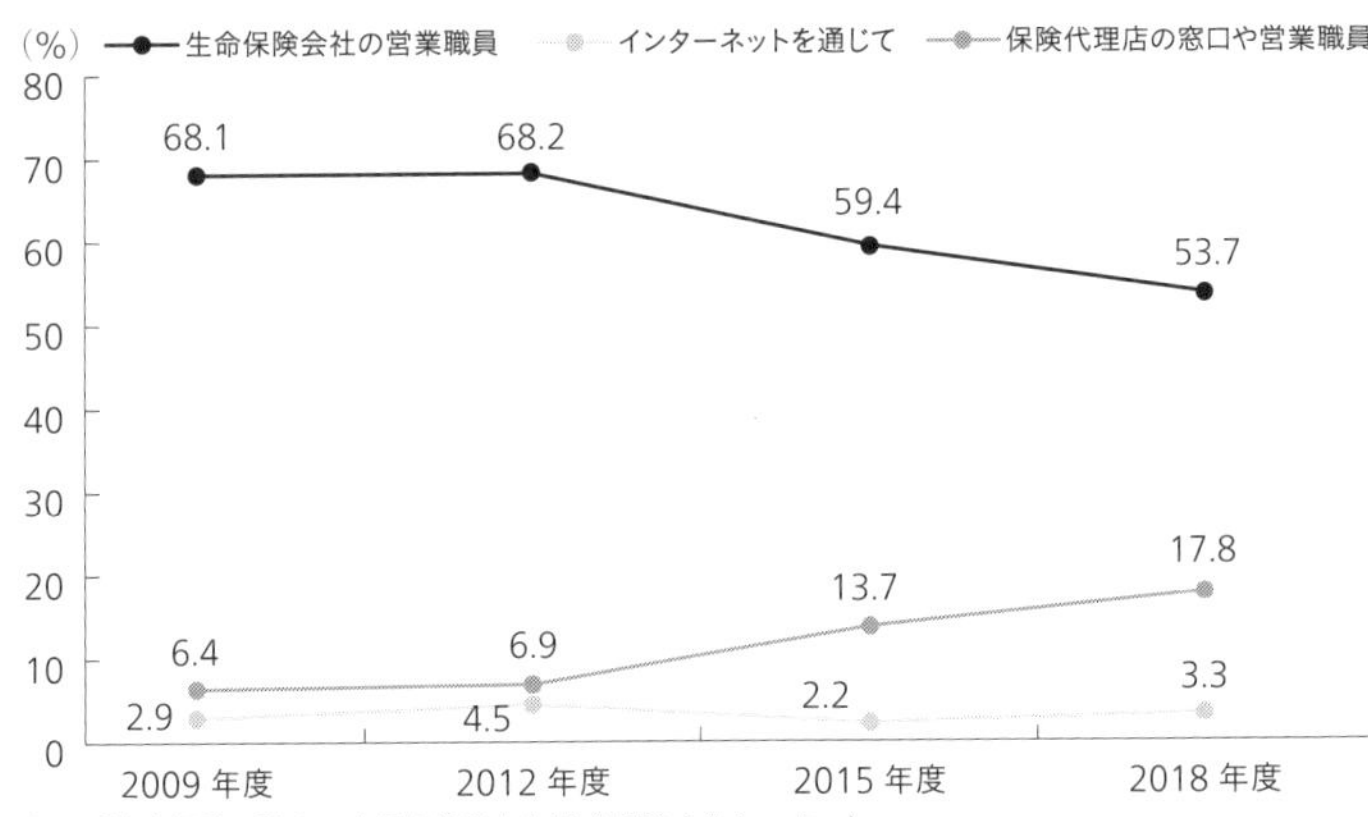

出所：「生命保険に関する全国実態調査」（生命保険文化センター）

くなります。

図表7は、実際にお客様がどの販売チャネルを通じて生命保険に加入しているかを示すものです。保険ショップをはじめとした保険代理店の加入割合は着実に伸びていますが、インターネットの加入割合は横ばい状態が続いています。

現在の生命保険業界においては、保険ショップなどの代理店やインターネットなどを通じて極めて厳しい販売競争が繰り広げられています。そのため、各生命保険会社は、ある程度利益を犠牲にして低廉な保険料を設定することにより、販売競争で勝てるべく鎬（しのぎ）を削っています。

この生命保険業界における価格競争は、ニューチャネルの台頭がきっかけになったことは間違いありませんし、今後もこれらのチャネルは規模を拡大していくと見込まれています。

⑾ ファイナンシャル・プランナーと保険ランキング

保険会社と直接の関係はない存在ですが、ファイナンシャル・プランナー（以下、「ＦＰ」という）という職種の人達が一般的に有名になってきたのは、２０００年代に入ってからであると記憶しています。日本人の金融リテラシーが総じて低いこともあり、お金にかかるいろいろなテーマについて相談できる存在として徐々に脚光を浴びてきました。今では、毎日のようにテレビや雑誌でＦＰの人達を目にするようになりましたし、ファイナンシャル・プランニング技能士が国家資格になったため、今ではその存在を知らない人はほぼいないといえます。このＦＰの中には、募集人として保険募集を行う人と行わない人の両方が存在しています。生命保険会社や保険代理店が営業職員や募集人に資格を取らせてＦＰと名乗らせることもあります。また保険募集は行わずに、もっぱら執筆、セミナーや講演のみで生計を立てる人もいるため、ＦＰ

の業務範囲に関して厳密な定義はないといえます。

ところで、保険業界においては、前述のように2005年から2007年にかけて保険金の不払い問題が発生し、これ以降は保険会社に対するお客様の不信感は根深いものになってしまいました。このような背景もあり、FPは保険業界において重要な存在になりました。つまり、保険会社の言うことは全く信用できないが、第三者の専門家であるFPの言うことであれば信用できるというお客様の心理に根差したものです。そのため、多くの保険会社はFPとの交流の場を増やし、少しでも自社や自社商品に好意的な記事を書いてもらえるように積極的な活動を始めました。私も、インターネット専業生命保険会社のときは、その存在を一般の人に知ってもらいたいがために、FP向けの勉強会を多数開催するなど、FPに対して積極的に情報発信を行いました。今では、かなり多くの数の生命保険会社がFPとの交流に重きを置いており、勉強会や懇親会を定期的に開催しています。私自身もインターネット専業生命保険会社で働いていたときに数多くのFPと知り合い、今では友人付き合いしている人も大勢います。保険会社の友人よりもFPの友人の方が多いくらいです。そのような状況を知ってか、競争相手の保険会社の人が「どうやったらFPと仲良くなれるの？」と直接私に尋ねてくることもあります。もちろん、FPはお客様に対して中立の立場で発言する存在であるため、自社の商品に関して懇意にしているFPから手厳しい記事を書かれることも往々にしてありますが、当然のことであると考えています。そういう意味でいえば、FPとの付き合いはメディアとのそれとよく似ています。

ところで、某雑誌社が始めた「保険ランキング」という特集は、現在の保険業界内でかなりの影響力を有しています。一般のお客様のみならず保険会社の社員や保険募集人も購読する人気企画であるため、今では多くの紙メディアやオンラインメディアが保険特集を組み、「保険ランキング」を掲載するようになりました。もっとも、この「保険ランキング」は、実際の保険商品の売り上げとは必ずしもリンクしていませんが、第三者の専門家による保険商品に対する客観的な通信簿という位置付けと見なされているため、保険会社の商品開発担当者はその結果に高い関心を寄せるようになりました。私も保険ランキングの結果には、いつも一喜一憂しています。この「保険ランキング」において投票するのは、多くの場合はFPであるため、保険会社は一層FPとの緊密な関係構築に励むようになりました。著名な雑誌における、「保険ランキング」の発表が近づいてくると、FPに積極的に接近してくる保険会社の広報担当者は少なくありません。

昨今、フィデューシャリー・デューティー（受託者責任）という言葉が叫ばれるようになりました。

保険業界においては、保険会社および保険募集人がお客様に対して果たすべき責務という意味になります。簡単に言うと、保険商品の販売にあたっては、顧客にもっとも適している保険商品を提案する必要があり、それを歪めるような保険会社による保険募集人に対する過度な接待や表彰等は禁止されました。また、セールスキャンペーンの実施もできなくなり、保険会社の営業行為に対する締め付けは厳しくなっていきます。一方、対外的な強い影響力に着目し、有力なＦＰに対して高額接待が行われることがありますが、これはつまるところ保険募集人に対する行為と何ら変わるところがなく、結果的にＦＰの中立性を歪めかねないと危惧しています。

いずれにしても、保険募集においては中立性と客観性が今まで以上に求められる時代になったといえますし、保険業界におけるＦＰに求められる役割は引き続き重要であり続けるでしょう。

⑿　保険募集に関する新ルールの策定

保険業界の規制緩和が進む中で、保険商品の自由化や販売形態の多様化が行われてきました。特に、生命保険業界において、保険ショップをはじめとした代理店のマーケットシェアが高まり、保険業界全体へ与える影響が強くなってきたことを受け、新たな保険募集ルールの策定が必要となりました。そして、そのルールを盛り込む形で、2016年5月に保険業法の改正が施行されました。その内容は、従来から保険募集時に禁止されていた規制に加えて、積極的な顧客対応を求める募集規制が導入されることとなりました。保険募集についても明確に定義され、契約見込客の発掘から契約成立に至るまでのプロセスのうち、保険募集に該当しない箇所が「募集関連行為」として新たに定義されました。「募集関連行為」はわかりづらい用語ですが、保険商品の推奨や説明を行わずに、契約見込客の情報を保険会社や保険募集人に提供することや、保険商品の情報提供を目的とした比較サイトにおいて、保険会社や保険募集人からの情報を転載するにとどまることなどを指します。

なお、この保険業法の改正において中心となるテーマは、①意向把握義務、②情報提供義務の導入でした。

①の意向把握義務については、お客様のリスクやニーズをしっかりと把握した上で、それに沿った保険商品を提案することが求められることとなりました。

②の情報提供義務については、保険募集に際して、お客様が保険加入の判断をするための情報提供が求められることとなりました。具体的には、保険商品の保障内容に関する説明や、自動車保険に付帯されるロードサービスのように、保険商品と関連性が大きい商品付帯サービス（契約者サービス）に関する情報提供などがあります。複数の保険会社の保険商品を取り扱う乗合代理店の場合は、お客様のニーズに沿った比較可能な保険商品の一覧情報の提供や、お客様への推奨理由の説明も求められることになります。

大型の乗合代理店にとって、この新ルール策定は非常に実務負荷の大きいものとなりました。しかし、新ルールに則した態勢整備を行うことにより、乗合代理店はより中立性の高い販売チャネルになったといえます。

今後、保険業界において販売チャネルの多様化が一層進んでいく中で、すべての販売チャネルにおいてよりお客様に寄り添った対応が求められることとなります。

4　現在の保険業界を取り巻く環境

過去に起きたいろいろな出来事を消化して、紆余曲折を経ながら発展してきた保険業界ではありますが、現在の保険業界を取り巻く環境について考えてみたいと思います。

(1) 新型コロナウイルスの感染拡大

日本では2020年の初頭から新型コロナウイルス（COVID-19）の感染拡大が発生して、多くの国民が在宅を義務付けられるとともに、ワーキングスタイルの変革を求められてきました。今ではほとんどの会議はオンラインで行われ、ZoomやMicrosoft Teamsなどを活用する会社も増えています。また、在宅勤務の増加により、多くの社員がオフィスに出社する必要がなくなったため、都心にある家賃の高い豪華なオフィスは金食い虫となり、本社の売却や地方への移転を試みる企業も出てきました。

また、多くの人のライフスタイルが劇的に変わったことにより、保険の募集についても多大な影響がありました。特に、損害保険業界よりも生命保険業界の受けた影響の方が大きかったようです。それまで生命保険を販売する際は、対面で時間をかけてお客様のニーズのヒアリングや保障内容の説明を行っていました。しかし、ソーシャルディスタンスの考えが確立してお客様と面談すること自体が難しくなったため、対面募集が中心の生命保険会社は募集スタイルを変える必要に迫られ、お客様との面談をオンラインで行う仕組みを構築しました。また、契約時に紙の申込書に署名捺印するのではなく、オンライン申し込みの募集プロセスも多くの生命保険会社が導入しました。さらに、募集時に必ず事前配布する必要がある「契約のしおり」(保険約款)についても、紙からオンラインへ移行が進んでいます。ただし、保険は認可事業であり、保険会社が取りうるアクションの多くは、基礎書類という保険会社にとっての憲法に相当する認可資料で制限されていますが、多くの生命保険会社はさらなる高度なオンライン募集態勢を構築すべく、継続して改善を行っています。

さらに、Ｗｅｂマーケティング手法を駆使して集客を行い、保険募集人を介在させることなくオンラインで申し込みを完結させる募集プロセスをこの機会に開発しようと試みている生命保険会社もあります。また、最近では下火になっていた新聞広告による通信販売についても、改めて実施して売り上げの拡大に繋げている生命保険会社もあります。２００８年にインターネット専業生命保険会社が立ち上がり、その後はインターネットによる生命保険加入の一時代が来ると予想されましたが、近年は失速していました。その理由として、「東日本大震災が起こり、対面販売の良さが改めて見直されたからだ」という一部の声も聞かれましたが、私はこれを真実でないと考えています。Amazonで本やＣＤを買うように、せっかくの休日に時間を使って嬉々として保険に加入するお客様はいません。保険加入は一般のお客様にとっては非常に面倒な行動であり、普段はあまり考えたくないものの、必要性に迫られた際に義務感から加入するものと考えています。たとえとして不適切かもしれませんが、感覚的に確定申告と同じようなものではないかと思います。しかし、新型コロナウイルスの感染拡大により多くの人が在宅勤務を強いられ、通勤や外出準備に手間をかける必要がなくなったために時間的な余裕が生じました。さらに将来の生活に不安を感じるお客様が増えたため、この空いた時間を利用して、頭の片隅に残っていたであろう〝保険の見直し〟を考える良い機会になっているのではないかと思います。幸いなことに、今では多くの雑誌に保険特集や保険ランキングが掲載されるなど、お客様が保険に関する情報を収集する手段は格段に増えました。また、保険の比較サイトも充実しており、インターネット上で複数社の保険商品の比較が容易になりました。その結果、新型コロナウイルスの感染拡大期間中に、インターネットを含めた通信販売を通じて生命保険に加入するお客様が急増しています。

ところで、話は変わりますが、大地震や大型台風などの自然災害で多くの被害者が発生した場合、保険会社は保険料の払込猶予などの特別対応による社会貢献を今まで行ってきました。特に今回の新型コロナウイルスについては、社会全体が甚大な損害を受けたため、保険業界として考えうる最高レベルの特別対応を実施しています。内容は保険会社によって異なるものの、主に次の特別対応が行われています。

・無症状の患者や軽症の患者については、病院に入院することなく自宅等で療養を指示されるケースがほとんどです。そのため、疾病入院を保障（補償）する医療保険などの商品については、もともと入院が保険金（給付金）の支払要件であるものの、医師の指示による宿泊施設や自宅療養も含めた。

・災害割増特約や特定感染症危険補償特約といった特定の感染症に罹患した場合を保障（補償）する商品については、新型コロナウイルスを保険金（給付金）の支払対象に追加した。
・既往症があるお客様については、保険金削減支払いや部位不担保といった特別条件を付けた上で保険契約を引き受けることがあるが、新型コロナウイルスに罹患した場合は、この特別条件を不適用として保険金（給付金）を支払うこととした。
・多くの貯蓄性商品においては契約者貸付という制度があり、解約返戻金の一定割合の範囲内で保険を解約することなくお金を借り入れることが可能であるが、契約者貸付を利用した場合の利息を免除した。
・従業員やお客様が新型コロナウイルスに罹患し、企業が所有する事業所や店舗等が汚染されたかその疑いがある場合に、休業補償や施設の消毒費用等の補償を行った。

・更新があるタイプの保険契約について、継続契約の手続きや保険料の払込みを一定期間猶予した。

他にも、今回の新型コロナウイルスの感染拡大という社会的危機を逆にビジネスチャンスと捉えて、新型コロナウイルスに罹患した場合や損害を被った場合に手厚い保障（補償）が得られる保険商品を発売して多数の新規契約獲得に成功した保険会社もありました。もっとも、このような保険商品は、保険会社で商品開発をした経験がある人であるならば誰もが一度は思いつくものです。なぜなら、世の中のニュースが新型コロナウイルス一色であるため、保障性の保険商品を販売する際に必要な「お客様に対するニーズ喚起」を行う必要がないからです。リスクが顕在化しているときほど、そのリスクに対応した保険商品を販売するのに適した時期はありません。例えば、有名人ががんで亡くなったというニュースが流れるとがん保険の加入者が一気に増えますし、大地震が発生したときは地震保険の加入者が増えます。

次の図表8は、近年の大地震と地震保険の世帯加入率の年次推移です。1964年の新潟地震をきっかけに、新潟県出身で時の権力者である田中角栄氏が旗振りをして、1966年に地震保険が誕生しました。しかし発売以降は、長期間にわたって低い加

図表8　地震保険の世帯加入率の年次推移

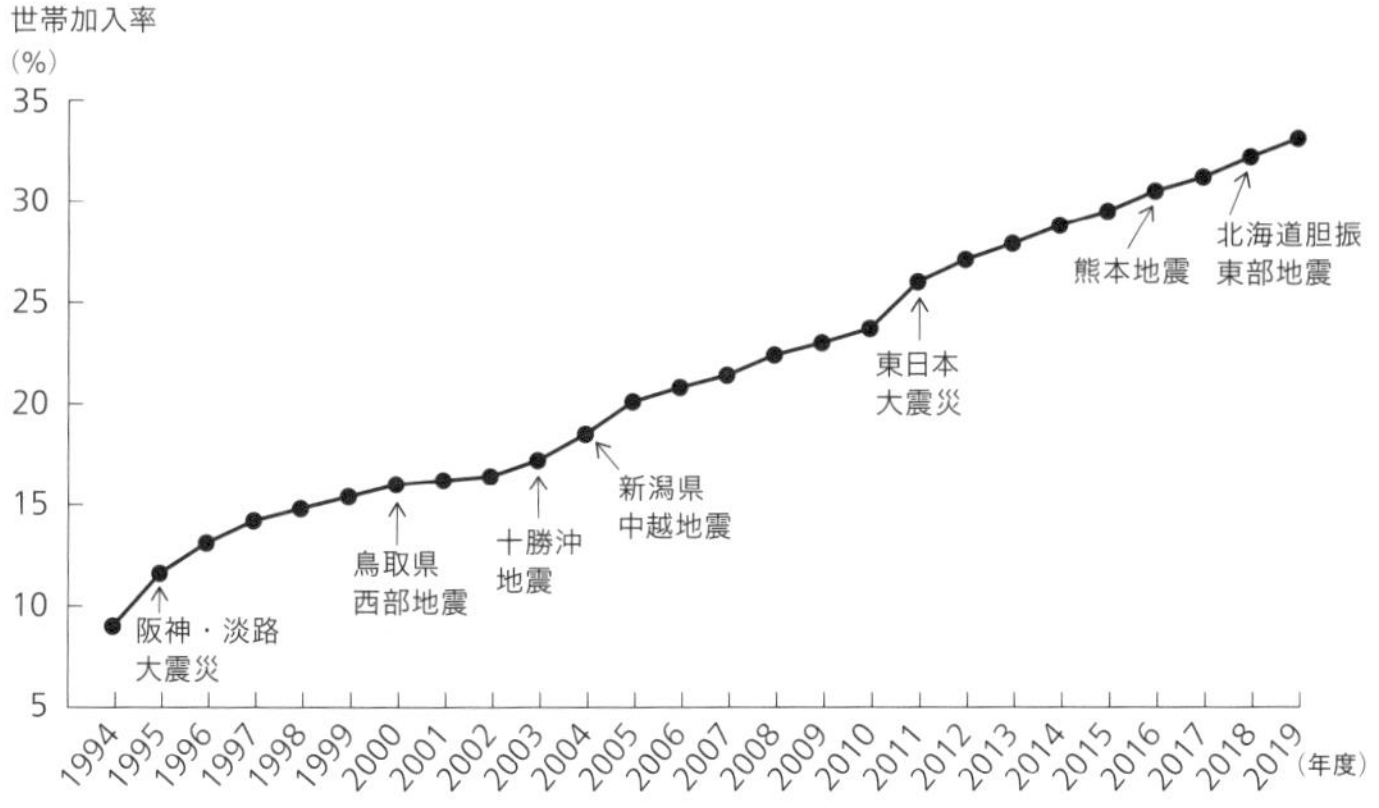

世帯加入率（%）
35 30 25 20 15 10 5
1994 1995 1996 1997 1998 1999 2000 2001 2002 2003 2004 2005 2006 2007 2008 2009 2010 2011 2012 2013 2014 2015 2016 2017 2018 2019（年度）
阪神・淡路大震災
鳥取県西部地震
十勝沖地震
新潟県中越地震
東日本大震災
熊本地震
北海道胆振東部地震

出所：損害保険料率算出機構の資料より筆者作成

入率が続いていましたが、1995年の阪神・淡路大震災以降、大型の地震が数多く発生したため地震保険の加入率は徐々に上がってきました。

阪神・淡路大震災が発生したのは私が損害保険会社で営業をしていた時期でした。不謹慎ではありますが、その時期にお客様に対して地震保険の提案を行ったところ、驚くほど受け入れてもらうことができました。もっともお客様に対してこのようなリスク喚起を促す行動が、「お客様の不安を煽り、結果として保険会社に対する嫌悪感を醸成している」という指摘はもしかしたら当たっているかもしれません。

話は戻りますが、それではなぜ、すべての保険会社が新型コロナウイルスに関するリスクに焦点をあてた保険商品を開発しないのかという当然の疑問が生じます。その答えは集積リスクの存在にあります。一般的に保険会社は、数多くのお客様から同様のリスクを引き受けることによりリスク分散を行い、保険料という一定額に変換させています。例えば、火災保険において火事が起きると、保険会社は多額の保険金支払いを行わなければなりませんが、全国のお客様から幅広く多数の火災保険を引き受けることにより大数の法則が働き、火災の発生確率がある一定値に収束するため、保険会社が毎年支払う保険金の期待値はある程度予想できることになります。しかし、リーマン・ショックやパンデミックのように、すべてのリスクが同時に顕在化するような性質のものについては、大数の法則が働きません。つまり、もし今後も新型コロナウイルスの感染拡大が続く事態が生じた場合は、多額の保険金支払いが必要になり、保険会社の収益を著しく悪化させる可能性があるからです。したがって、このような保険商品の販売に当たっては、今後の新型コロナウイルスの感染者数の推移を逐次モニタリングすることは当然必要ですが、本リスクに対応した資本額や再保険カバーの状況等を総合的に勘案し、感染者数が急激に増加した場合は販売停止を行うなどの出口戦略もあらかじめ策定した上で実施することが望ましいといえます。実際に感染者数の拡大により、コロナ保険の新規の販売を見直した保険会社もありました。このようなリスク管理の徹底を図る前提で、今回の新型コロナウイルスの感染拡大をゲームチェンジのチャンスと捉えて積極的に対応する保険商品を開発することは、結果として社会的な意義があることだと思います。

(2) 低金利環境

日本においては、バブル崩壊以後、長い年月にわたって低金利の状況が続いています。また、2016年1月29日にはマイナス金利政策が採用されたため、金利は一層落ち込みました。

なお、私が新卒で働き始めた際に友人に勧められて加入した某生命保険会社の個人年金保険は、予定利率が4・75%と今では考えられない高い水準でした。金利が低下した際に引受保険会社から転換（新しい保険契約への切り替え）を勧められたこともありますが断り続け、お宝保険として自分の老後に向けて大切に残してあります。

図表9は、1990年からの10年国債の金利ですが、見事に右肩下がりの状況が続いています。

図表9　10年国債の金利

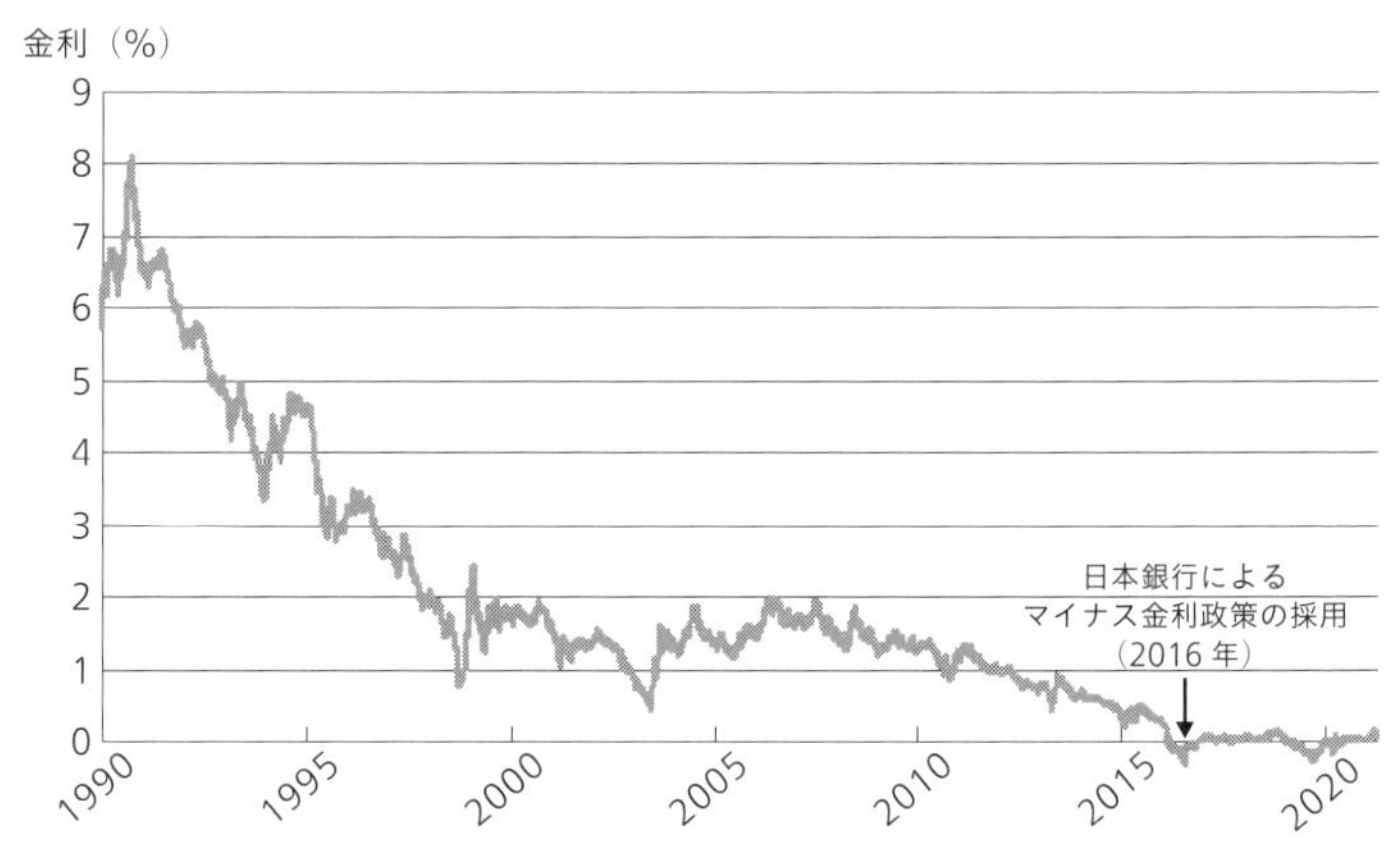

出所：「国債金利情報」（財務省）

銀行や証券会社ではいざ知らず、なぜ保険会社が低金利の影響を受けるのか、疑問に思う人もいるかもしれません。保険会社も貯蓄性商品を販売しているからでしょうか？　確かに個人年金保険や積立傷害保険などの貯蓄性商品は、積立利率の設定に際しては国債の金利等を参考にします。また、将来お客様にお支払いする年金や満期保険金の原資となる積立保険料については、保険料全体に占める割合が大きいため、直接的に低金利の影響を受けることになります。しかし、貯蓄性商品のみならず、純粋な保障性商品についても保険会社は低金利の影響を受けます。なぜなら、お客様からいただいた保険料は運用して、将来の保険金や給付金のお支払いに備える必要があるため、実際の運用利回りが当該保険商品の予定利率を下回った場合は、差額分を保険会社自身が負担する必要があるためです。保険業法第97条には次のとおり保険会社の本来業務が記載されていますが、「資産の運用」は「保険の引受け」と並んで位置付けられており、保険会社にとって非常に重要な業務であることがわかります。

「第97条（業務の範囲等）
保険会社は、第3条第2項の免許の種類に従い、保険の引受けを行うことができる。
2．保険会社は、保険料として収受した金銭その他の資産の運用を行うには、有価証券の取得その他の内閣府令で定める方法によらなければならない。」

プライシングにおいて保険商品の予定利率は保守的な水準に設定する必要があるものの、予定利率が低ければ当然のことながら保険料は高くなってしまい、他社競争上において魅力がないものになってしまいます。そういう意味でいえば、保険期間1年の保険商品が多く予定利率が保険料にほとんど影響を与えない損害保険会社よりも、保険期間が長期にわたる保険商品がほとんどである生命保険会社の方が、低金利による影響を受けやすくなります。バブル崩壊後に日経平均株価が大きく下がりましたが、「日経平均株価が8000円を切ることがあれば、ほとんどの生命保険会社が経営危機に直面するであろう」というニュースが当時流れたことを覚えている人も多くいるに違いありません。実際、バブル崩壊後は多くの生命保険会社が破綻して、外資系に買収されるケースや、他社との合併を余儀なくされるケースがありました。もっとも、バブル崩壊前のように、保険料100万円に対して10年後に120万円の満期保険金がもらえるような高利回りの貯蓄性商品はなくなりましたが、保障内容に魅力があれば、一定の販売量を見込むことが可能です。例えば、私が損害保険会社で働いていたときに加入した積立傷害保険は今でも保有しています。一時払い保険料は50万円であるのに対して、5年後の満期返戻金は50万円に大きく届かない額ですが、ケガで死亡、入・通院した場合や、第三者に損害を与えて賠償責任が発生した場合の補償に大きな魅力を感じているため、保険が満期を迎える5年ごとに更新しています。もっとも、保障（補償）に魅力がない貯蓄性商品の場合、予定利率が下がることは商品魅力の低下に直結し、販売量は激減してしまいます。そのため、保険会社は多少無理をした予定利率を設定してこのような貯蓄性商品の販売を継続することがあります。というのも、一旦マーケットから撤退してしまうと、お客様や銀行等を含めた募集代理店の信頼が低下してしまい、将来的に金利が上がって再び魅力的な貯蓄性商品を販売できる環境に戻ったとしても、市場で受け入れてもらえないという事態に陥ることがあるからです。したがって、このような低金利環境下では、保険会社はマーケットから排除されないように、どのような運用計画を立てて、どのような貯蓄性商品を販売していくかについて経営手腕が問われることになります。

(3) 少子高齢化社会

日本においては、90年代初頭のバブル崩壊以後、経済が長期間にわたって停滞しています。「失われた20年」などといわれることもあります。ＧＤＰの伸びは期待できなくなり、10年ほど前に中国に抜かれて、今では大きく水をあけられてしまいました。海外へ行くと円の価値が低下していることを痛感します。このような中、日本においては出生率が著しく低下して人口の減少が起きています。世界に類をみない超少子高齢化社会を迎えているといえます。

図表10　日本の総人口（単位：千人）

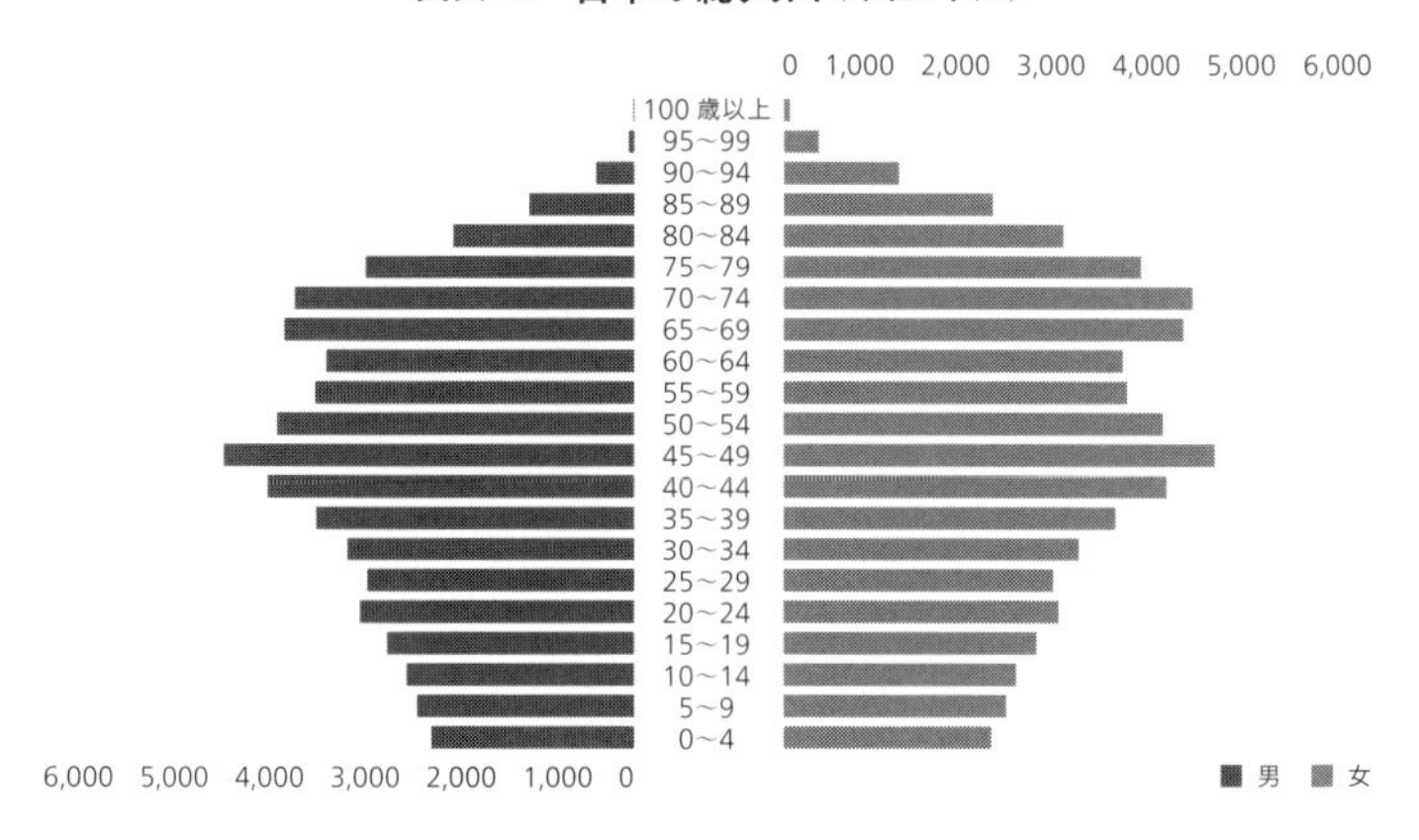

出所：「2019年　人口推計」（総務省統計局）

図表10は日本の年齢区分ごとの人口ですが、一国の人口ピラミッドとしては非常に歪な形をしていることがわかります。

総務省が発表した2021年9月15日現在の推計人口によると、65歳以上の高齢者は総人口の29・1％と世界トップであり、2位のイタリア（23・6％）を大きく引き離しています。

一方、医療技術の発達により人は長生きできるようになりました。実際、2019年の日本人の平均寿命は、男性が81・41歳、女性が87・45歳で、ともに過去最高となりました。今後も、医療技術の発達によりさらに平均寿命は延びると予想されており、「人生100年時代」の到来が本格的に近づいているといえます。

また、最近では「2025年問題」というワードもよく話題に上ります。「2025年問題」とは、戦後の第一次ベビーブーム（1947～1949年）に生まれた、いわゆる〝団塊の世代〟が後期高齢者（75歳以上）の年齢に達し、医療や介護などの社会保障費の急増が懸念される問題のことを指します。2025年には後期高齢者人口が約2200万人に膨れ上がり、国民の4人に1人が75歳以上に該当する見込みです。年金制度も同様の問題を抱えており、少子高齢化により将来的には数少ない若い世代が数多くの高齢者世代を支えていかなければならず、経済面で国民に大きな負担がかかることが予想されます。

さらに労働力問題についても、外国人雇用だけでは十分ではなく、多くの企業は定年年齢の引き上げを行っています。現在では多くの企業において定年年齢は65歳となりました。また、2021年4月に施行された高年齢者雇用安定法の改正により、企業は70歳までの雇用確保を求められることとなりました。企業の努力規定ではありますが、いずれは義務化されるといわれています。なお、高年齢者自身にとっても、「老後2000万円問題」が騒がれたように将来受け取る年金額は十分とはいえない

図表11　国民医療費とGDPに占める割合

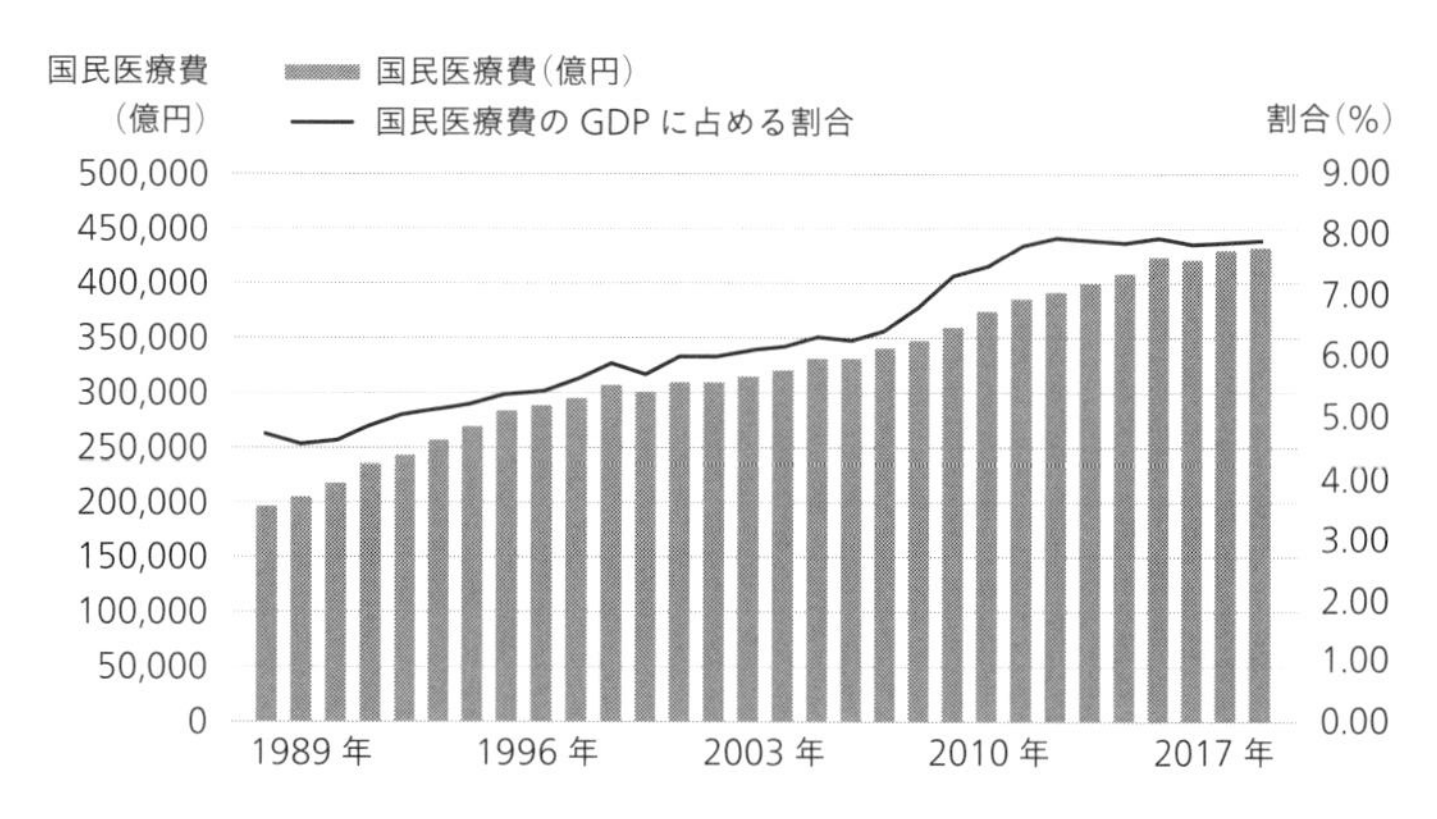

出所：「平成30年度　国民医療費の概況」（厚生労働省）

水準であるため、余程の貯えがある人以外は、老後資金を稼ぐべく働き続ける必要があります。

このような社会環境の変化を受けて、多くの保険会社においては営業戦略や商品戦略の見直しを行っています。

⑷ 国民医療費の増加

高年齢者の増加に伴い、日本における国民医療費は年々増加しており、2018年度には43兆3949億円まで膨れ上がりました。この国民医療費のGDPに占める割合は実に7・91％にあたります。

図表11は、日本における国民医療費とＧＤＰに占める国民医療費の割合を示したものですが、ともに右肩上がりになっていることが見て取れます。

この国民医療費は、厚生労働省が２０１８年に公表した医療費の将来見通しによると、高齢者人口がピークに達する２０４０年には80兆円前後で、ＧＤＰに占める割合も約10％になることが見込まれます。ただしこれはＧＤＰが40％程度増加することを前提としているため、仮に将来的にＧＤＰが増えなかった場合、ＧＤＰの実に14％以上を占めることになってしまいます。

なお、日本における平均入院日数は年々短縮化しており、今では30日を切るまでになりました。しかし、欧米諸国の平均入院日数はＯＥＣＤのデータによると5～10日程度であり、先進国の中で日本は突出して長い状況にあります。海外在住の人にこのことを話すとたいていは驚かれます。したがって、今後の国民医療費を削減すべく、国策として医療費の多くを占める入院日数のさらなる短期化を図っていくことが予想されます。

ところで、日本の公的医療保険制度において、保険診療の対象になる治療と対象にならない治療を併用する診療、いわゆる混合診療は原則として認められていません。

安全性や有効性等が検証されていない治療が保険診療とあわせて実施され、科学的根拠のない特殊な治療が助長される恐れがあるためです。

ただし、評価療養、患者申出療養や選定療養といった例外もあります。このうち、評価療養と患者申出療養は、将来的に保険診療の対象とするか否かを、今後の臨床試験によって評価していくことになるものです。一方、選定療養は、将来的に保険診療の対象とすることを前提としていないものであり、差額ベッド代や大病院の初診料などが挙げられます。

保険業界においてよく耳にする先進医療は、2006年の健康保険法等の改正により高度先進医療から引き継がれたものであり、評価療養の一つとなります。なお、毎月の入り繰りがあるものの、2021年9月1日時点で85種類の医療技術が先進医療の対象となっています。先進医療を行う場合、対象となる医療技術の費用全額が患者の自己負担となりますが、先進医療1回当たりの費用は数万円から数百万円といったものまで幅広くあります。

民間の保険会社は、この先進医療の費用負担に対するニーズに対応すべく、主に医療保険やがん保険の特約として先進医療特約を販売してきました。月100円程度の保険料であることも受け、非常に人気の高い特約であり、医療保険における付帯率は多くの商品で90％を超えています。もともとこの特約は、３００万円前後の費用を必要とする重粒子線治療や陽子線治療を保障することを主な目的として開発されました。しかし、近年は白内障治療に関する先進医療の一つである「多焦点眼内レンズを用いた水晶体再建術」が多くの問題を引き起こしてきました。この医療技術は可及的速やかに行う必要がある類のものではなく、ある程度患者が治療の時期をコントロールできるため、この治療を受けることを前提として、治療の直前に複数の先進医療特約に加入したと疑われるケースが相次ぎました。その結果、各社の先進医療特約の支払率は著しく悪化しましたが、昨年3月末をもってこの治療は先進医療から外れ、選定療養へ移行したことにより、保険会社にとって懸念となっていた問題は終息しました。しかし、現在は一部の不妊治療が新たに先進医療に含まれるというニュースを受けて、各社は戦々恐々としています。先進医療特約は、保険加入時に先進医療の対象となっていなくても治療を受けたときが保険期間内で先進医療の対象となっていれば給付金が支払われるため、今後も同様の問題は起き続けることになります。

なお、国民医療費が日本経済を圧迫している今、民間の保険会社が販売する先進医療特約にかかる期待はますます高まっています。各種治療の前に、お客様が加入している民間保険の保障内容を患者に確認するクリニックまであります。今後も多くの新たな医療技術が先進医療に含まれると予想されており、保険会社が販売する医療保険は公的医療保険制度を補完する役割をこれまで以上に求められると考えています。

(5) テクノロジーの発達とFinTech

近年のテクノロジーの発達は目覚ましく、その波は金融業界にも押し寄せてきています。ファイナンス(Finance)とテクノロジー(Technology)の融合した造語でFinTechという言葉を、聞いたことがある人も多いと思います。テクノロジーを活用した金融サービスという意味で使われるケースがほとんどであり、暗号資産(仮想通貨)に使われるブロックチェーン技術もFinTechの一つです。数多くの金融機関はFinTechに関する研究やＩＴベンチャーなどと提携を行い、本場のシリコンバレーへ社員を送り込んでいる会社も数多くあります。

他の産業と比べると比較的ＩＴ化が遅れていた保険業界においてもその波は押し寄せてきています。保険業界の場合は、保険(Insurance)とテクノロジー(Technology)の融合した造語である「InsurTech」という言葉が使われることがあります。業務効率化や生産性向上を図るべく、ＡＩ(Artificial Intelligence)やＲＰＡ(Robotic Process Automation)を導入することはイメージしやすいと思います。実際、金融機関においては、業務効率化と人的資源削減を主な目的としてＩＴ化が進められ、メガバンクが約40％の内勤社員を削減すると発表したニュースは社会的に大きなインパクトを与えました。

一方、保険業界においては、テクノロジーをそれ以外の用途へ活用することも検討されています。

その一つがテクノロジーの保険商品への組み込みです。例えば、自動車保険の場合、運転履歴を記録して、運転技量を数値化することにより、保険料に反映させることが行われています。また、生命保険においても、ウェアラブル端末等のテクノロジーの活用によりお客様の健康状態をリアルタイムでモニタリングして、それにあわせて保険期間中に保険料を変更したり、一定期間ごとに還付金の支払いを行うなどの仕組みの構築が可能になりました。以前よりリスク細分型保険は市場に数多く存在しており、保険加入時の保険料は、血圧の数値や喫煙の有無などのお客様のリスクに応じて異なるものとしていました。しかし、新たなテクノロジーの活用により、このリスク細分をさらに精緻に、かつ保険期間中にも適用できるようになったことを意味します。生命保険の場合は、一般的に健康増進型保険と呼ばれていますが、これについては後述します。

それ以外にも、保険商品加入時に契約者等が無料で利用可能になる商品付帯サービス（契約者サービス）に活用することもできます。昔の商品付帯サービスの多くは電話を使用するものであり、海外旅行時にトラブルに巻き込まれた際のサポート、病気に関して別の病院でセカンドオピニオンを希望する際のサポートなどが中心でした。しかし、テクノロジーが発達している現在においては、ドローンで救援物資を届けることや、保険会社から無償で提供されたアプリで自身の健康状態をモニタリングすることなどもできるようになりました。

ただし、現時点においては各保険会社による先行投資の段階であり、まだまだトライアルアンドエラーが繰り返されている状況ですが、いずれは多くの成功体験が登場して、各社ともに同じ方向に収束していくのではないかと考えています。

保険業界はどちらかというと旧態依然とした業界であったと思いますが、近年一気にＩＴ化に舵を切り、各社が競って新しいテクノロジーの研究や投資をすすめている状態となっています。

⑹ 金融サービス仲介法制

日本においては、１９９６年の保険業法の改正により、保険仲立人（保険ブローカー）

制度が創設されました。保険仲立人は特定の保険会社に所属せず、中立的な立場でお客様のニーズに対応した最適な保険の提案および保険契約の締結の媒介を行います。保険業法第297条（保険仲立人の開示事項）に定められているとおり、お客様から求められた際は、保険会社から受け取る手数料等の報酬額を開示する義務があります。欧米において、保険ブローカーは幅広く認知された存在であり、マーケットにおいて重要な役割を担っています。しかし、日本において保険仲立人はあまり普及しておらず、知っている人はほとんどいないといえると思います。

一方、日本においては保険ショップをはじめとした乗合代理店が、お客様から見て保険仲立人と類似の役割を担っています。乗合代理店は、多くの保険会社が提供する保険商品から、お客様のニーズに応じた提案を行っています。ただし、乗合代理店はそれぞれの保険会社と代理店委託契約を締結している関係であり、契約成立時に成功報酬として徴収する募集手数料の開示義務はありません。

このような環境下において、2019年12月の金融審議会「決済法制及び金融サービス仲介法制に関するワーキング・グループ」の報告を踏まえ、2020年6月に「金融サービスの利用者の利便の向上及び保護を図るための金融商品の販売等に関する法律等の一部を改正する法律」が国会を通過しました。この法律の施行は、

２０２１年11月となります。この中で、「金融商品の販売等に関する法律」が「金融サービスの提供に関する法律」に名前を変え、新しく「金融サービス仲介業」という職種が創設されることとなりました。この金融サービス仲介業は、個々の金融機関と委託契約を締結する必要はなく、一つの登録で銀行・証券・保険すべての分野における金融サービス仲介が可能になります。なお、仲介できる保険商品については、「商品性が複雑ではなく、高度な商品説明を要しないもの」に限ります。

金融サービス仲介法制により、新規参入にあたっての障壁が緩和され、お客様に対して数多くの金融商品の中からワンストップで提供することが可能になるため、ＩＴ企業やスタートアップのFinTech企業などが金融サービス仲介業者として参入するのではないかといわれてきました。なぜなら、オンラインでしっかりしたプラットフォームや仕組みを作ってしまえば、お客様の意向に沿った複数の金融商品を自動的に提案することが可能であり、これらの企業にとって自社技術の見せ所になり、優位性があるからです。もちろん保険という金融商品は、お客様にとって積極的に加入したい類のものではありません。自身にライフイベントが発生したとき、自分の周りでお亡くなりになった人が現れたとき、家計を節約する必要が生じたときなどに受動的に検討されることが一般的です。そのような中で、家計簿アプリなどを提供している

ＩＴ企業などが、家計の節約プランとして現在加入している保険見直しの提案を行い、さらにお客様がスマートフォンで簡単に保険加入できる仕組みさえ用意できれば、多くのお客様が興味を示すと考えられます。もっとも、２０２１年11月の法律施行時点においては、販売できる保険金額に制限が設けられており、自動車保険や終身タイプの保険商品が除外されるなど、現在の保険業界における主力商品の多くが取り扱えないため、当面の新規参入については限定的であると思います。なぜならば、制限が厳しいようであればお客様に対して十分な提案を行えず、金融サービス仲介業ではなく従来の募集代理店として保険を取り扱う方が好都合だからです。もちろん、金融サービス仲介業者がお客様や保険会社にとって将来的に重要な販売チャネルになる可能性を秘めていることは間違いありません。

(7) ＳＤＧｓとＥＳＧ投資

ＳＤＧｓ（Sustainable Development Goals）とは、２０１５年９月の国連で採択された２０３０年に向けた世界が達成すべき持続可能な開発目標です。健康と福祉の増進、技術革新、気候変動への対応などのグローバルな課題に関して17の目標と１６９の達成基準で構成されます。ＳＤＧｓについては強制力がないものの、企業は積極的な関与が求められており、国もこれを後押ししています。また、企業にとってもＳＤＧｓに積極的に取り組むことでビジネス機会を創出できるといわれています。環境・健康・エネルギーといった社会課題の解決に繋がる商品やサービスに対する市場ニーズは高く、企業は事業を通じて、そのような社会課題を解決することにより利益を上げることができるからです。また、当然のことながら、ＳＤＧｓに積極的に取り組むことは企業イメージの向上にも繋がります。２０２１年6月に発表されたSustainable Development Report2021によりますと、世界において日本は前年の17位から18位に後退しました。クロアチアやポーランドよりも下位でした。日本にとって課題が残っているとされる分野としては、男女格差や二酸化炭素の排出量などが挙げられており、現在国を挙げて是正の取組みを行っています。

一方、ＥＳＧとは、Environment（環境）、Social（社会）、Governance（企業統治）の略であり、ＥＳＧ投資とは環境、社会、企業統治に配慮している企業に対する重点的な投資のことを意味します。ＥＳＧ評価の高い企業は事業の社会的意義、成長の持続性など優れた企業特性を持つといわれています。

社会課題の解決が、企業にとってはビジネス機会をもたらし、投資家にとっては投資機会をもたらすという点で、ＳＤＧｓとＥＳＧ投資は共通の考え方を持っています。

その中で、公共性が高いビジネスを営む保険会社に求められる役割は数多くあります。例えば、保険会社については多くの従業員が都心のオフィスで大量の電力を消費して働いており、昔からペーパービジネスといわれているように業務における紙の使用率は非常に高い傾向にあるからです。そのため、コスト削減の観点だけでなく、ＳＤＧｓの観点からも申込書や契約のしおりなどのＷｅｂ化をすすめることにより二酸化炭素の排出量削減を図っています。

さらに、保険会社は機関投資家として対外的に強い影響力を持っているため、投資先に関してＥＳＧの観点から評価していくことが求められています。もちろん、投融資先の調査に時間を要することや、投融資先が限定されることなどの課題は残りますが、保険会社は率先して取り組む社会的責任があります。

特に保険業はお客様の信頼と信用に基づくビジネスであるため、今後もＳＤＧｓとＥＳＧ投資を率先してすすめていく役割が求められています。

⑻ 健康増進型保険への期待

最近、保険業界内のみならず、一般の人向けのニュースでも取り上げられるようになったトピックとして、健康増進型保険という新しい分野の保険商品があります。もちろん、この保険商品に加入するだけで自動的にお客様が健康になるというわけではありません。それでは一体どのようなものでしょうか？　生命保険文化センターのWebサイトには、健康増進型保険について次の記述があります。

「Q．健康増進型保険とは？
A．健康増進への取組みによって保険料の割引などがある保険です。」

つまり、保険期間中におけるお客様の健康状態や健康増進への取組みによって、保険料が増減したり、還付金を受け取れるなどの特徴がある生命保険です。2016年頃から生命保険会社が販売を始めました。従来型の一般的な生命保険の場合、保険期間の途中で保険料が変わる商品は多くありません。また、一定期間経過後に保険事故が発生していないこと等を条件として一時金がもらえる保険商品もありますが、お客様の健康状態や健康増進への取組みと直接関係がありません。テクノロジーの発達により保険商品化が可能になった新たなジャンルといえます。

前述のとおり、国民医療費は日本の財政状況を圧迫しており、今後さらに少子高齢化に拍車がかかった場合は、国民医療費の増加によって日本の財政はパンクしてしまう恐れがあります。もちろん、長寿化がさらに進んだとしても、人々が高齢になって健康を維持するのであれば、国民医療費へのネガティブなインパクトは緩和することができます。2003年に施行された「健康増進法」の目的として、〝国民の健康の増進の総合的な推進に関し基本的な事項を定めるとともに、国民の健康の増進を図るための措置を講じ、国民保健の向上を図る。〟とありますが、健康増進型保険の意義と見事にマッチしています。

もっとも、生命保険会社にとって、お客様が健康を維持することにより給付金の支払いが減少するのであれば、仮に保険料の割引や還付金の支払いがあったとしても、収益的には有難い状況となります。また、それ以外にも健康増進型保険は生命保険会社に多くのメリットをもたらします。その主なものは次のとおりです。

①新しいタイプの商品であり、競争がまだ少ない

まだ新しいジャンルの保険商品であるため、現在販売されている健康増進型保険は多くありません。そのため、昨今の医療保険などで見られる他社との激しい競争は起きていません。ブルー・オーシャンと言っても差し支えありません。残念ながらまだ健康増進型保険でお客様に人気のある商品は登場していませんが、魅力的な健康増進型保険を開発して市場に投入することにより、販売競争上優位に立つことも可能です。

②ＰＲ効果が見込める

保険会社にとって、競合他社がまだやっていない先進的な取組みはインパクトがありメディアの受けも良いため、広報活動において高い効果が見込めます。また、保険業にとってブランドイメージは重要な要素ですが、健康増進型保険の持つ先進的なイメージは、保険会社の企業ブランド確立に役立ちます。

③優良顧客の囲い込みが狙える

保険商品は、販売すれば必ず利益が出るわけではありません。ほとんどの保険商品には、収益性の高い顧客セグメントと低い顧客セグメントがあります。特に、昨今の商品開発競争が激化している環境下においては、必然的に商品の収益性は低下傾向にあり、各社は知恵を絞って収益性の高い顧客セグメントへの販売に注力しています。なお、健康増進型保険の場合、販売ターゲットは自身の健康を意識している層ですが、このようなお客様は一般的にリスクが低くて収益性が高いため、優良顧客を囲い込むのにうってつけの保険商品であるといえます。

④お客様との接点が増加する

個人情報管理の意識が高まった昨今において、生命保険の営業職員などの募集人がお客様と定期的に接点を持つ機会は多くありません。またお客様の職場に営業職員などの募集人が立ち入りすることは、昔と違い今では難しくなってしまいました。もちろん、実際の保険事故が発生すればお客様と面談することができますが、その際にお客様に対して保険の追加販売をお願いすることは困難です。

しかし、健康増進型保険の場合は、お客様の健康状態や健康増進への取組状況に応じて保険料の変動や還付金があるため、定期的に営業職員などの募集人がお客様と面談できる格好の機会を作ることができます。

⑤健康データを入手できる

生命保険のプライシングにおいて、以前は厚生労働省の「人口動態調査」や「患者調査」などの限られた統計データを活用して発生率などを算出していました。しかし、各社ともに同じ統計データしか使用できないのであれば、独自性のある保険商品を作って他社と差別化することは難しくなります。特にデータの重要性が高まっている現在において、各社は商品開発に使用可能なデータを入手すべく、奔走しています。

そのような中、健康増進型保険を販売することにより、お客様の健康データを入手することが可能なため、今後の新たな保険商品の開発に役立てることができます。

⑥ＩＴノウハウが蓄積される

健康増進型保険の販売によって、生命保険会社にとって未知のテクノロジーを使用する機会が増えることになり、自社のＩＴノウハウの蓄積に繋がります。さらにFinTechベンチャー企業との交流を図っていく中で、当初は思いもよらなかった用途にテクノロジーを転用できることに気づくこともあります。仮にこの新たなテクノロジーの活用が失敗に終わったとしても、失敗から学べることは多くあります。

もちろん、健康増進型保険にはメリットだけでなくデメリットも存在します。その代表的なものは次のとおりです。

①販売マーケットが確立していない

保険ショップなどの乗合代理店において販売する際に、健康増進型保険は医療保険や定期保険などの既存の商品カテゴリーに含まれないため、お客様へ提案して比較推奨される商品一覧に登場しない可能性があります。その場合、そもそも販売の土俵に上がらないため、売り上げは期待できません。もちろん、1社専属の営業職員が販売する場合はこの限りではありませんが、健康増進型保険の販売マーケット自体が確立していないため、保険内容についてお客様の理解が得にくい点は留意すべきです。

②募集時の説明負荷が高い

通常の生命保険商品を提案する場合、「保障内容は○○○で、保険料は月々××円となります」などの説明が行われます。一方、健康増進型保険の場合、通常の保障内容の説明に加えて、どのような場合に保険料が上がる下がる、還付金がもらえるなどの追加説明が必要となり、お客様にご理解いただくのに長時間を要します。また募集時の説明が不十分であった場合は、後にクレームとなる可能性がありますので、十分に注意が必要です。

③システムやオペレーションの開発コストが高い

一般的に生命保険商品の開発には莫大なコストを要します。保険会社が使用しているシステムによってコストは大きく異なりますが、通常の新規保険商品の場合は数億円から数十億円は必要となるケースがほとんどです。また、システムや新しいオペレーションの開発に伴う人的リソースも必要となり、UAT（User Acceptance Test）というシステムが正しく稼働するかを確認するテストも長期間を要し、これが不十分であると発売後に不具合が生じることがあります。

一方、健康増進型保険の場合は、保険期間の途中において保険料の変更や還付金の支払いなどの複雑な機能が必要となるため、通常の商品開発よりもシステムやオペレーションの開発コストは遥かに高額になることが想定されます。また、お客様の健康情報等の機微情報を、自社の契約管理システムに取り込む必要があります。さらに、保険会社の営業職員などの募集人が、保険期間の中途において、お客様と今後の保障内容や保険料に関して対話するためのデータや説明用の資料を用意する必要があるため、通常の保険商品とは比較にならない高いコストがかかります。

④データの信頼性が乏しい

健康増進型保険の場合、健康状態に応じて保険料が変動する商品がありますが、その指標となる健康状態や健康増進に関する取組みは、リスクの対価である保険料と密接な関係を示している必要があります。しかし、健康増進型保険の開発時には限られたデータしか存在していません。そのため、健康増進に関する取組みなどのデータで補完することにより、お客様のリスク量を算出する必要があります。しかしながら、適用される保険料が適切であるかどうかについては、発売後に一定期間が経過して大量の実績データが蓄積するまで待たねばなりません。もしも予定データと実績データに大きな乖離が見られた場合は、将来の収益性に大きな影響を及ぼす可能性があります。

⑤契約維持コストが高い

一般的な生命保険の場合、契約初年度に多額の新契約コストを必要とするものの、次年度以降の契約維持コストは低廉な水準になります。しかし、健康増進型保険の場合、保険期間の途中で保険料の変更をしたり、お客様へ案内したり多くのアクションを取る必要があるため、必然的に契約維持コストは高くなります。

さらに、保険期間が長期間であるため、一度発売した後は、すべての保有契約が消滅するまで当該商品のシステムを管理し続ける必要があります。そのため、将来的に当該健康増進型保険を売り止めて、全く新しいタイプの健康増進型保険を発売することになった場合は、古い健康増進型保険の保有契約件数は目減りする一方となり、保険会社にとって保有契約の管理負担は非常に高いものとなります。

以上が保険会社視点による健康増進型保険のメリットとデメリットですが、お客様視点から見た健康増進型保険の意義について考えてみたいと思います。

①保険のパーソナライズ化を実現している

保険業界に限らず、商品やサービスは「パーソナライズ化」が求められる時代になりました。ネット社会の実現により、お客様は自分が興味をもった商品やサービスを自分で容易に調べられるようになり、企業側もお客様の趣味嗜好や行動履歴などの情報に基づいて商品やサービスを提案することが求められます。保険においても、健康に留意しているお客様は、健康に留意しないお客様と同じ保険料水準であることを嫌がる傾向があります。そのため、健康状態や健康増進に対する取組みによって保険料が変動することや還付金を受け取れることには納得感があります。

しかし、お客様の心理を考えた場合、保険に加入することと健康増進に取り組むことは正反対の行動であるともいえます。つまり、健康診断で健康状態の悪化を指摘されたとき、(A)健康増進に取り組んで健康状態を回復したいと考えるか、(B)保険に入ろうと考えるかのいずれかの行動を選択することが一般的です。両方の行動を同時に選択するお客様はほとんどいません。要するに、保険は病気になった際に保険金を受け取る機能があれば十分であり、そもそも健康増進に対する取組みを行うのであれば、保険加入自体が不要になるという考え方です。

②経済合理性がある

老後に安定した生活を送るため、健康を維持して長期間働きたいと考える人は数多くいます。したがって、健康増進に対する取組みを行うことにより健康を維持し続けたご褒美として医療費負担が少なくなり、おまけに保険料の引き下げや還付金の受け取りなどのメリットがあるのであれば一石二鳥となり、これは経済合理性があるといえます。

一方、保険料が健康状態に応じて変動する商品の場合、家計のキャッシュフローが安定しないという負の側面もあります。もともと、保険は「将来のリスクを平準化して保険料という一定額に置き換える」という機能を有しています。しかし、健康状態が悪くなって真に保険の必要性が高まった際に、保険料も高くなってしまうのであれば、家計にとってはダブルパンチとなってしまいます。

保険商品の中には、保険料払込免除特約が付加可能なものがあります。健康状態が悪化したときに、以後の保険料の支払いが免除される特約で納得感がありますが、健康増進型保険の場合はそれとは反対の動きになります。

③健康管理機能がある

企業に勤めている人であれば、1年に1回は健康診断や人間ドックを受診する必要があります。しかし、年1回のみの健康管理では必ずしも十分とはいえず、健康を維持していくためには頻繁に自身の健康状態をチェックする必要があります。健康増進型保険の商品にもよりますが、保険会社が健康管理を一定程度行ってくれる上、健康増進の取組みを促すプログラムを提供してくれるなどのサービスが受けられます。

ただし、保険会社に自身の健康状態を把握されることや、営業職員などの募集人から定期的にアプローチされて健康状態のアドバイスをされることを快く思わないお客様もいますので、注意が必要となります。

健康増進型保険について所見をいろいろと述べてきました。私が健康増進型保険に反対しているのではないかと思われるかもしれませんが、そうではありません。既存の生命保険商品に閉塞感がある中で、健康増進型保険は新たなテクノロジーを活用してさらなる付加価値をお客様に提供できる大きな可能性を秘めていると考えています。もちろん、現在の生命保険業界において健康増進型保険を開発することは先行投資の感が否めませんが、将来的には多くのお客様が興味を示す健康増進型保険のヒット商品が生み出され、各社ともに主軸を移していくであろうと考えています。

(9) 医療保険・がん保険の販売競争激化

多くの生命保険会社が鎬（しのぎ）を削る乗合代理店市場において、保障性商品の販売競争が激化しています。その中でもっとも商品開発競争が厳しいのは医療保険です。その最

図表12　2019年度の個人保険の新規契約件数

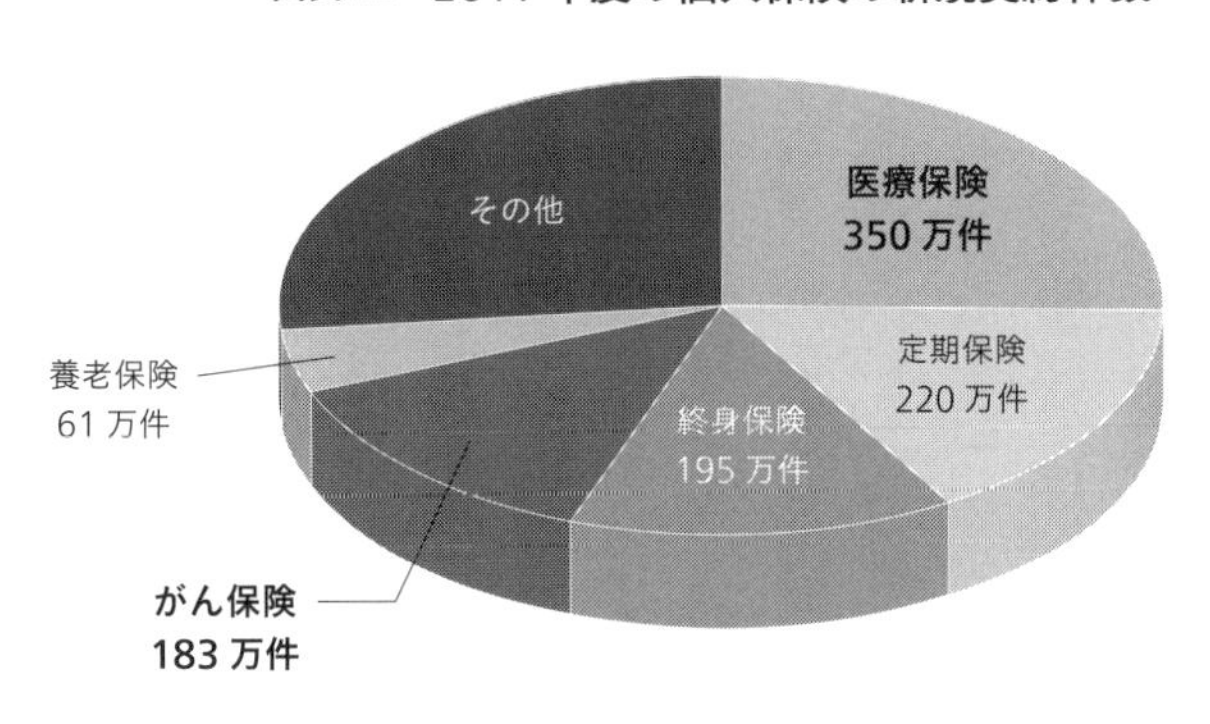

注：転換後契約は含みません。
出所：日本損害保険協会の資料より筆者作成

大の理由は市場規模にあります。図表12によりますと、現在の生命保険の個人保険においてもっとも新契約件数が多い保険種類は医療保険となっています。2019年度の新規契約件数1371万件（転換後契約を含みません）のうち、実に350万件、割合にして25・5％を占めています。つまり新規契約4件のうち1件は医療保険だということになります。

また、4番目に新規契約件数が多いのはがん保険（同183万件）であり、最近はがん保険の商品開発競争も医療保険並みに厳しくなっています。

この医療保険やがん保険の競争は多

岐の点にわたり、保障範囲、保険料水準、保険契約の引受基準、募集手数料水準に関して、各社ともに少しでも他社に対して優位に立とうと競争を繰り広げています。後発の保険商品は先発の保険商品よりも高いスペックを有している必要があるため、この競争は激しくなる一方です。特に最近は入院期間の短縮や新型コロナウイルスの感染拡大という社会的背景もあり、一時金支給タイプの保障の人気が高くなっています。商品開発を行う立場の人間として考えると、このような保険商品が想定どおりの収益を上げることができるのか不安に襲われることもあります。90年代後半から始まった自動車保険の商品開発競争を思い出してしまいます。しかし、お客様や募集人のニーズが高く、数多くの生命保険会社が市場に参入している現状において、当面はこのチキンレースとも揶揄される状況が続いていくであろうと考えています。

⑽ 外貨建年金保険への逆風

日本においてはバブル崩壊以降、長期間にわたって低金利環境が続いており、円建ての個人年金保険や養老保険はすっかり魅力を失ってしまいました。また、リーマン・ショック後は、それまで銀行窓販における代表的な貯蓄性商品として一世を風靡した変額年金保険の販売も下火になりました。このような環境下において、近年は米国や豪州などの高い金利水準が魅力的な外貨建年金保険が人気を博しています。現在の生命保険業界における代表的な貯蓄性商品であるといえます。しかし、商品内容が複雑であることや、募集時の説明が不十分などの理由により、お客様からの苦情が数多く寄せられるようになりました。さらに、外貨建年金保険に関するネガティブな新聞報道がなされるようになり、最近では悪い保険商品の代名詞のような存在になってしまいました。外貨建保険に関してよく聞かれる主な苦情は次のとおりです。

・銀行員から勧められるまま加入したが、外貨建保険とは知らなかった
・元本保証と聞いていたが、為替リスクのことは聞いていない
・解約時に控除額があることについて知らなかった
・タイムラグマージンに関する説明はなかった

・募集資料に書かれていた積立利率が実際の運用利回りだと思っていた

一般的に保険という商品は、保険会社が多くのお客様から不確実なリスクを集め、その対価として保険料という一定額を徴収するビジネスであるといえます。一方、外貨建保険は、高い利回りを実現するために、為替リスクやその他のいくつかのリスクをお客様に負わせる特殊な保険商品です。したがって、お客様に商品内容について十分にご理解いただくためには、募集時にお客様へ丁寧な説明を行うことが不可欠となります。メインターゲットとなるお客様が高齢者であるならばなおさらです。しかし、高齢のお客様が所有する金融資産をリスク分散する目的で、投資信託、定期預金、外貨建保険などに振り分ける場合、それらすべての金融商品に関する説明を同時に理解する必要がありますが、実際にはかなり難しいといえます。また、お客様が募集時に正しく理解して、意向確認書に署名したとしても、加入後も長期間にわたって複雑な商品内容を正しく記憶し続けることは現実的ではありません。このような背景が、前述の苦情を招いた主な原因ではないかと考えられます。もちろん、外貨建保険の商品自体をなるべくシンプルな内容にして、お客様の誤解を招かないようにする努力も必要です。日本の金利環境が芳しくない中で、外貨ベースとはいえ、高い利回りを期待できるのが外貨建保険の魅力であり、適切な募集管理体制が実現されるのであれば、決して悪い貯蓄性商品ではないと私は考えていますし、今後も販売は継続されるはずです。

ところで、外貨建保険に関して多数の苦情が生じている現状を打破すべく、2022年4月以降の新契約から、外貨建保険は標準責任準備金の対象に追加されることが決まりました。定められた基準で保守的な水準の責任準備金を積むことが保険会社に求められます。外貨建保険のうち、米ドル建てと豪ドル建てが対象です。保険料平準払いの外貨建保険における影響は限定的な模様ですが、保険料一時払いの外貨建保険においては一定の影響があると考えられます。そのため、生命保険会社においては、商品改定、資本金の積み増し、再保険の手配などが必要となる場合があります。

⑾ 法人税制のルール変更

生命保険商品のカテゴリー分けには何通りかありますが、そのうちの一つが①個人保険と②法人保険という分類です。

①の個人保険は、個人のお客様に何かあった際の保障や将来の資産形成を目的とし

て加入する保険です。

また②の法人保険ですが、経営者や従業員の福利厚生を目的とした保険については、単に契約者が個人ではなく法人であるだけの話です。ここで説明したいのは、法人保険のうち、保険期間の途中で解約することを前提として、法人が保険料の全部あるいは一部を損金として税務処理できる点に着目した、節税を目的とした保険商品です。支払った保険料を損金計上することにより会社の利益を圧縮し、課税される法人税を少なくできるとともに、役員退職金などの支出が発生する年に当該保険契約を解約して解約返戻金を充当するなどの方法を取ることにより、長期間で見ると法人税の実質負担額を減らすことができます。昔から節税商品として知られていたのは逓増定期保険ですが、それ以外にも定期保険やがん保険などが節税保険として営業現場で活用されてきました。節税保険といえども、あくまでも〝保険〟であるため、募集時には保障に関する説明が行われるべきところ、節税効果のみに重きを置いた説明が行われるケースが問題視されてきました。昔から、外資系や中小の生命保険会社を中心として節税商品の販売が推進されてきましたが、大きな問題に発展することはなく、問題が発見されるごとに国税庁が個別通達を出して税制ルールを改定するなどの対応で、適正化を図ってきました。ただし税制ルールが改正されると、生命保険会社はまた新たな節税商品を開発するというイタチごっこが数十年にわたって繰り返されてきた歴史があります。特に、低金利が続いている背景もあり、好業績の法人にとっては魅力的な保険商品であるといえました。

しかし、２０１７年に入って、従来このような節税商品に積極的に関与していなかった大手生命保険会社が、税制メリットを最大限に活用できる定期保険の販売を開始したため、他の多くの生命保険会社が同様の定期保険の販売に追随したため、生命保険業界における一大ブームとなりました。もちろん保障を目的とした説明が行われている限りは問題ありませんでしたが、実際の営業現場では節税効果のみを謳った説明も数多くありました。その結果、国税庁が法人向け定期保険の税制上の取り扱いを大きく変更するに至りました。アナウンスがあった日が2月14日であったため、「バレンタインデーショック」や「ブラックバレンタインデー」などと揶揄され、多くの生命保険会社や募集代理店が影響を受ける結果になりました。中でも、節税商品の販売に特化した生命保険会社や募集代理店については、ビジネスモデルの変更を余儀なくされたところもあります。

もっとも、国税庁の税制ルール変更以後も、一部の生命保険会社や募集代理店は節税効果を目的とした保険商品の積極的な販売を行ってきました。そのうちの一つが名義変更プランと呼ばれるものであり、法人が契約者となって保険期間初期は解約返戻金が少ない低解約返戻金型逓増定期保険に加入し、ある程度期間が経過した後に契約者の名義を法人から個人に変更した場合、贈与税がほとんど掛からずに資産の移し替えができるというものです。もう一つが、給付金の支払要件が比較的軽度な要介護状態である介護保険において、給付金受取人を被保険者本人ではなく親族として、給付金額を高額に設定した場合に、給付金が非課税で親族に支払われることを利用したものです。この2点について、2021年3月に国税庁から「ホワイトデーショック」と呼ばれるルール改正の案内があり、同年6月から実施されることとなりました。その際にポイントとなったのは、前述の法人向け定期保険の税制上の取り扱い変更時期に遡って訴求して適用されるという点です。一部には、「既得権の侵害だ」と声を上げる業界人もいましたが、国税庁は2019年に、「税制効果を宣伝した法人向けの保険販売を今後行わない」旨を生命保険業界へ要請しており、その趣旨から考えますと十分に予想される対応であったといえます。それでもめげることなく、新たに節税効果を開発しようと試みている生命保険会社もあるようですが、いずれは国税庁から同様の対応が取られる可能性が高いと思います。したがって、節税効果を活用した法人保険の販売につきましては、なくなることはないにしても先細りすることが確実な状況です。

⑿ 運転支援技術・自動運転技術の進化

昨今の新聞記事を賑わせているように、自動車における運転支援技術・自動運転技術は進化し続けています。運転支援技術としては衝突被害軽減ブレーキやレーンキープアシストなど、多くの技術が既に実用化されています。国も、高齢運転者による事故防止対策の一環として、自動ブレーキ等の安全技術の普及に取り組んでおり、多くの乗用車には自動ブレーキが搭載されることになりました。また、自動運転技術はレベル1から5までありますが、各自動車メーカーのみならず、IT企業も参入するなど、現在は世界中で開発競争や主導権争いが激化しています。日本のメーカーが、「世界初の自動運転技術のレベル3を実装した自動車を2021年に発売する」と発表したニュースをご覧になった人も多いと思います。将来的には、技術導入が容易な高速道路のみならず、一般道路において完全自動運転が実現する日も遠くないと思います。

ところで、損害保険業界においては、従来から自動車関連の保険（任意の自動車保険および自動車損害賠償責任保険）の正味収入保険料が全体の約6割を占めていますが、将来的に運転支援技術や自動運転技術の進化の影響を強く受けることが明らかです。そもそも、この技術の発達により交通事故が減少していくからです。もちろん、日本中のすべての自動車が完全自動運転に替わり、すべての道路もそれに適応させるまでにはかなりの時間を要します。それまでは、交通事故が無くなることはありませんが、次第に減少していくことは確実な状況です。

図表13は、日本における交通事故の発生件数です。２００4年をピークに交通事故は右肩下がりで減少しており、２０２０年についてはピーク時の約45％の水準まで低下しました。

損害保険会社における自動車保険はその恩恵を強く享受しており、近年は損害率が良好であるため高い収益性を実現していますし、当面はこの状況が続くと見込まれます。もっとも、自動車保険の保険期間は原則として1年であるため、損害保険料率算出機構が算出する自動車保険の参考純率は実績損害率に応じて年々下がっていくため、高い収益性という恩恵を享受できるのは、保険料改定時までの期間に限定されることになります。

図表13　日本における交通事故の発生件数

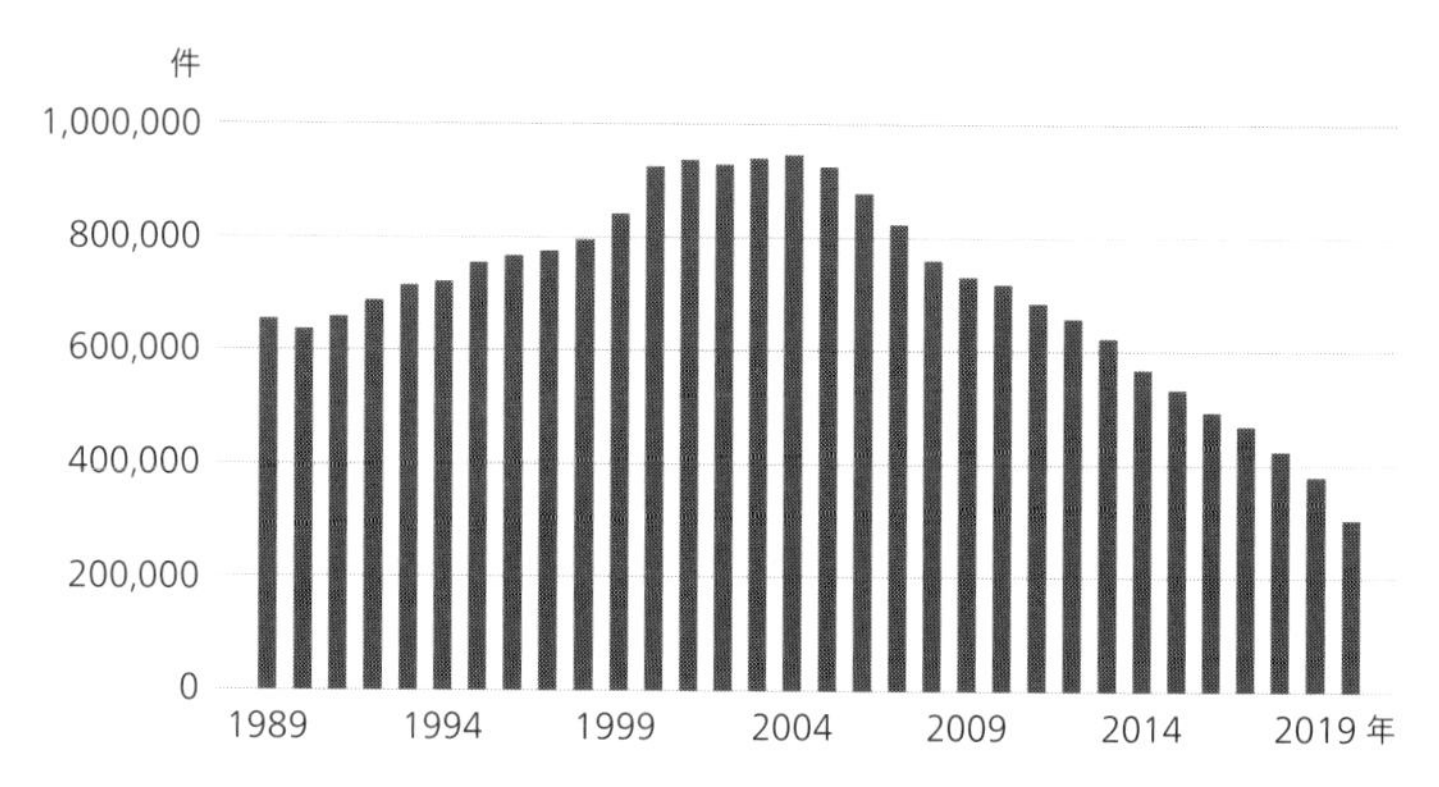

出所：「道路の交通に関する統計」（警察庁）

⒀ 自然災害の増加

火災保険は、個人のお客様、法人のお客様を問わず欠かすことのできない保険商品であり、損害保険業界においては以前より、自動車関連の保険に次ぐ主力商品と位置付けられてきました。なお、今日の火災保険は純粋に火事のリスクのみを補償する保険商品ではなく、落雷、地震リスク以外の台風や雪災などの自然災害、漏水、盗難、破損などを幅広く補償しています。特に、個人のお客様の住宅を補償の対象とする火災保険において、昔は補償範囲の狭い住宅火災保険と、補償範囲の広い住宅総合保険の2商品が全損害保険会社共通で販売されていました。

図表14　火災保険 住宅物件における事故種別支払保険金

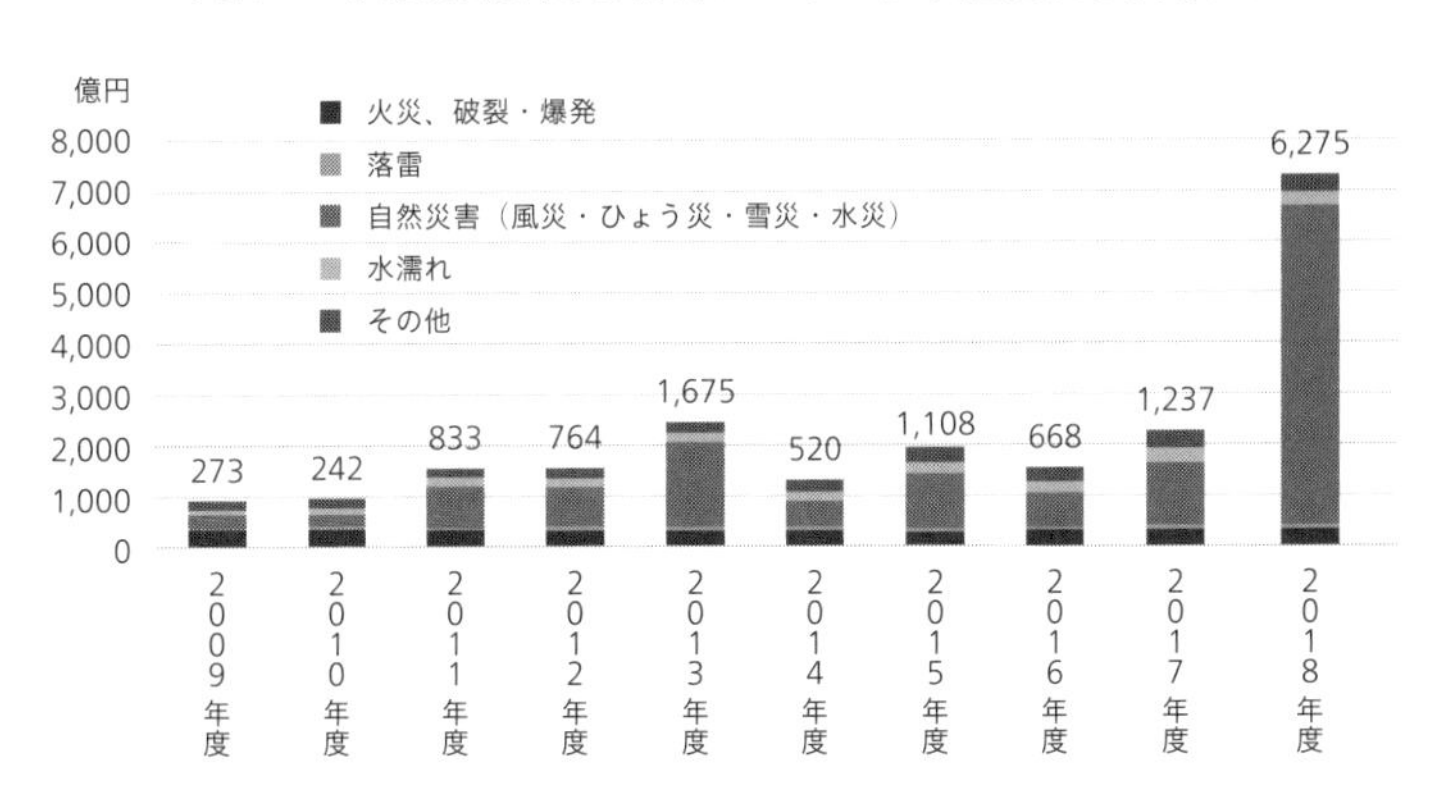

注：2018年度のみリトン・ベーシス（当該年度に計上された数値を集計する方法）による集計値

出所：「火災保険・地震保険の概況」（損害保険料率算出機構）計上された数値を集計する方法）による集計値

しかし、保険の自由化が進展した今日において、各損害保険会社は独自の火災保険を開発して販売するようになりました。そのベースとなる保険商品は住宅総合保険ですが、各社が独自の補償を加えており、一般的に幅広いリスクを補償する火災保険となっています。

ところで、近年は耐火構造の住宅が増えたこともあり、火事の発生件数は全体的に減少傾向にあります。しかし、反対に自然災害のリスクが大幅に増加しています。

図表14は、火災保険の住宅物件における事故種別ごとの支払保険金ですが、近年は自然災害（風災・ひょう災・雪災・水災）に対する支払保険金が大きく増

加していることがわかります。

近年は、地震のみならず台風や大雪等の自然災害により多くの住民が避難を余儀なくされるニュースを耳にすることが増えましたが、地球温暖化の影響によるものといわれています。2020年度は自然災害による損害が比較的少ない状況でしたが、当面は自然災害の多発が続くことが予想されています。この自然災害による損害に対して、損害保険会社は巨額の保険金支払いを行っており、その結果として火災保険の収支は大きく悪化しています。また、損害保険会社は将来の巨大損害の発生に備えて異常危険準備金を積み立てていますが、自然災害多発による影響によりその残高が減少する状況になり、深刻な経営課題となっています。

⒁ サイバーリスクの脅威

2000年代に入り、ビジネスや私生活においてインターネットを活用する頻度が著しく高くなり、今では社会生活から切り離せないものになりました。さらに今般の新型コロナウイルスの感染拡大により、多くの企業でインターネットの活用が促進され、ミーティングはオンラインで行うようになり、従来は紙で行っていた社内決裁をアプリで行い、物品の購入はＥＣサイトを利用するようになりました。このような劇的な環境変化の中で、サイバー犯罪は高度化するようになり、多くの個人や企業が被害を受けるようになりました。サイバー犯罪の種類としても、Ｅメール詐欺や金融データの盗難といったものから、マルウェアやランサムウェアによる攻撃など多岐にわたります。昔の詐欺メールは、一見してそれとわかる内容でしたが、今では本物のＥＣサイトと区別ができない疑似サイトを作成するなど、頭では理解していても完全には防ぎきれないくらいサイバー攻撃は巧妙になってきました。

サイバーリスクを防ぐべく、企業は自社で防御する体制を構築する必要がありますが、日本においてサイバーセキュリティの対策は遅れており、専門の人材も不足しています。独立行政法人情報処理推進機構が公表した「企業のＣＩＳＯやＣＳＩＲＴに関する実態調査２０１７」によると、情報セキュリティ対策の対応体制について「専門部署（担当者）がある」日本の企業は45・2％に過ぎず、対応部署がないケースも15％を超えていました。今後も情報セキュリティ対策は、重大な経営課題であり続けると考えられます。

このようなサイバーリスクによる被害拡大を受けて、損害保険会社はサイバーリスク被害を補償する保険を積極的に販売しています。顧客情報を漏洩した際の損害賠償責任に対する補償、各種の事故対応費用に対する補償、利益損害に対する補償など、幅広い商品内容であり、今後も一層の拡販が見込まれています。日本におけるサイバーセキュリティ保険の市場はまだ小さいですが、米国では一大市場となっているため、今後は日本でも市場拡大が期待できます。もちろん、事故後に要した各種の費用を補償する保険機能の提供だけでは不十分であり、お客様である企業に対して十分なセキュリティ体制を構築するためのコンサルティングも必要となるため、損害保険会社の総合力が試される保険商品であるといえます。

⒂ 国際資本規制

日本では、1996年の保険業法改正時にソルベンシー・マージン比率を導入しました。これは、〝保険会社が通常の予測を超えたリスクに対する支払い余力をどの程度有しているか〟という保険会社の健全性を測る指標の一つです。一般的に保険会社の会計は難しく、財務諸表を見ただけでは健全性を把握することは難しいものですが、ソルベンシー・マージン比率は400%や600%といったシンプルな数字に変換されているため、お客様から見てもわかりやすい指標となっています。

ところで、保険会社にとっての負債の大部分は、将来の保険金等の支払いに備えて積み立てている責任準備金ですが、この計算方法はいわゆる「ロック・イン方式」が採用されており、決算の都度、毎年時価評価を行って数値を洗い替えることをしません。そのため、過去の高い予定利率が設定されている保険期間が長期の保険契約の責任準備金は、現在の低金利環境下では過小評価されることになります。例えば、90年代に販売した保険契約で、当時の責任準備金の予定利率が5％であった場合、現在の決算においても予定利率を5％で計算しているため、現在の低い予定利率で計算した積立額よりもはるかに少額となっています。もちろん、保険会社が、契約時に当該保険契約とデュレーションをあわせた公社債を購入していれば大きな問題にはならないはずです。しかし、生命保険は一般的に保険期間が超長期であり、終身保険などの保険契約とデュレーションマッチングを行える公社債はほとんど流通していません。最近、大手企業が50年債を発行したら生命保険会社が飛びついたという記事を読んだ方もいると思います。そのため、市場で流通している公社債を購入して、どこかの時点で別の公社債に乗り換える方法が一般的ですが、長期間にわたって金利が下降している局面においては、過去の高い予定利率の保険契約にあわせた高利回りを維持することは極めて難しくなっています。このことから、保険期間が超長期の保険契約を販売する生命保険会社にとっての金利リスクは、以前より重要な課題として認識されています。

そのような折、世界中の金融当局が新しい資本規制導入の検討を続けてきました。そして2019年11月に開催された保険監督者国際機構（IAIS）の年次総会で、2025年から保険における国際資本基準の導入を採択したことを受けて、日本においても金融庁が導入を決めました。新しい基準では、ソルベンシー・マージン比率の計算は経済価値ベースで行われることになります。つまり、ソルベンシー・マージン比率を計算する上で資産・負債ともに時価評価することになります。特に保険負債については、死亡率や利回り等は現在の数値を使って計算することになります。そのため、過去に販売した高い予定利率の保険契約を大量に保有している生命保険会社については、厳しい状況が予想されます。もちろん、現時点では、財務諸表上のすべての勘定科目を時価評価することは求められておらず、ソルベンシー・マージン比率の計算にとどまる予定です。このような状況を受けて、今までは競争上の観点から保障性商品において比較的高めの予定利率を設定することが多々ありましたが、今後はより保守的な予定利率を設定する必要に迫られることになります。

5 新型コロナウイルスが与えた影響

２０２０年から猛威を振るい始めた新型コロナウイルスの感染拡大は、日本に深刻なダメージを与え続けており、未だに終息する気配はありません。ここでは、新型コロナウイルスが社会環境へどのような影響を与えたのか、さらに保険業界へどのような影響を与えたのかについて考えてみたいと思います。

(1) 出生率のさらなる低下

もともと日本は世界でも類まれな超少子高齢化社会であり、出生率の低下により近年は人口が減少していますが、今回の新型コロナウイルスの感染拡大により、出生率はさらに下がることになりました。「人口動態統計（２０２０年12月版）」（厚生労働省）によると２０２０年の出生数は87万２６８３人であり、前年比２万５９１７人減と統計史上の過去最低値を記録しています。その理由として、現在は出産のため病院に行くことをリスクが高いと感じて敬遠する人が多くいることに加え、日本の将来に対する悲観論が根強いことも挙げられます。実際に若い人達と話していると、明るい日本の未来を想像している人が非常に少ないことに気づきます。したがって、日本の出生率は今後も低い水準で推移していく可能性が極めて高いと考えています。その結果、若年者の人口は減るものの、医療技術の発達により高齢者の長寿化傾向も続くため、日本の人口ピラミッドはさらに歪な形になっていくことが予想されます。

その結果として、日本の企業は労働力を確保するため、外国人の雇用だけではなく高齢者にも期待を寄せていくことになります。労働者側にとっても、いわゆる「老後2000万円問題」により、公的年金だけで十分な老後生活を過ごすことは難しいという認識が一般化しており、高齢になっても働き続けたいと考える人が多くなっています。これは、「老後レス社会」などとも揶揄されています。このような社会的背景を受けて、国は高年齢者雇用安定法や雇用保険法の改正を行い、この4月より努力規定ではあるものの定年を70歳まで引き上げることが企業に求められることになりました。将来的には努力規定ではなく義務化される可能性があるといわれています。つまり、今後も日本人の平均寿命が伸びれば伸びる程、定年をさらに延長する動きが加速していくことになります。

また、保険業界としても、昨今は高年齢者層を主な販売ターゲットとした新たな取組みを進める保険会社が増えています。

(2) 医療機関の負担増

新型コロナウイルスの影響により、多くの医療機関において病床がひっ迫し、可及的速やかに実施する必要がない病気の治療が後回しされるなどの影響が出ました。また医療関係者の労働環境は過酷な状況が続いており、改善の兆しは見えません。新型コロナウイルスが「収束」ではなく、完全に「終息」するまでこの状況は続くかもしれません。このような中で、国民医療費の増加を抑制する目的もあり、入院日数の短縮化は今まで以上に加速することが考えられます。

また、後期高齢者（75歳以上）で所得が一定額以上の人を対象として、医療費の自己負担割合を２０２２年の秋以降に1割から2割へ引き上げることが決まりました。新型コロナウイルスによる影響により、高齢者の受診控えが指摘される中で慎重論が出ていたにもかかわらず引き上げの実施が決まったということは、財政上本当にやむを得ない状況であったのであろうと考えられます。この引き上げの対象者は約３７０万人といわれています。国の医療費財政を将来にわたって健全な水準に維持するためには、さらなる医療費の自己負担額の引き上げが行われる可能性が高いと思います。

このような背景のもと、民間の保険会社が販売する医療保険に対する期待は高まっており、公的医療保険制度を補完する位置付けとして、今後も積極的な市場への投入が進められていくと考えられます。

(3) 経済不況

今回の新型コロナウイルスの感染拡大により、飲食店や旅行業などのサービス業を中心とした多くの企業が被害を受けました。その結果、図表15のとおり、失業者数は大幅に増加することになりました。

もちろん、新型コロナウイルスが完全に終息すれば、再び雇用が創出されるかもしれません。しかし、すぐに経済活動が元どおりに戻るとは考えにくい状況です。また、今後の増税も免れない状況であり、結果として新型コロナウイルスの終息の有無にか

図表15 勤め先や事業の都合による完全失業者数（原数値）

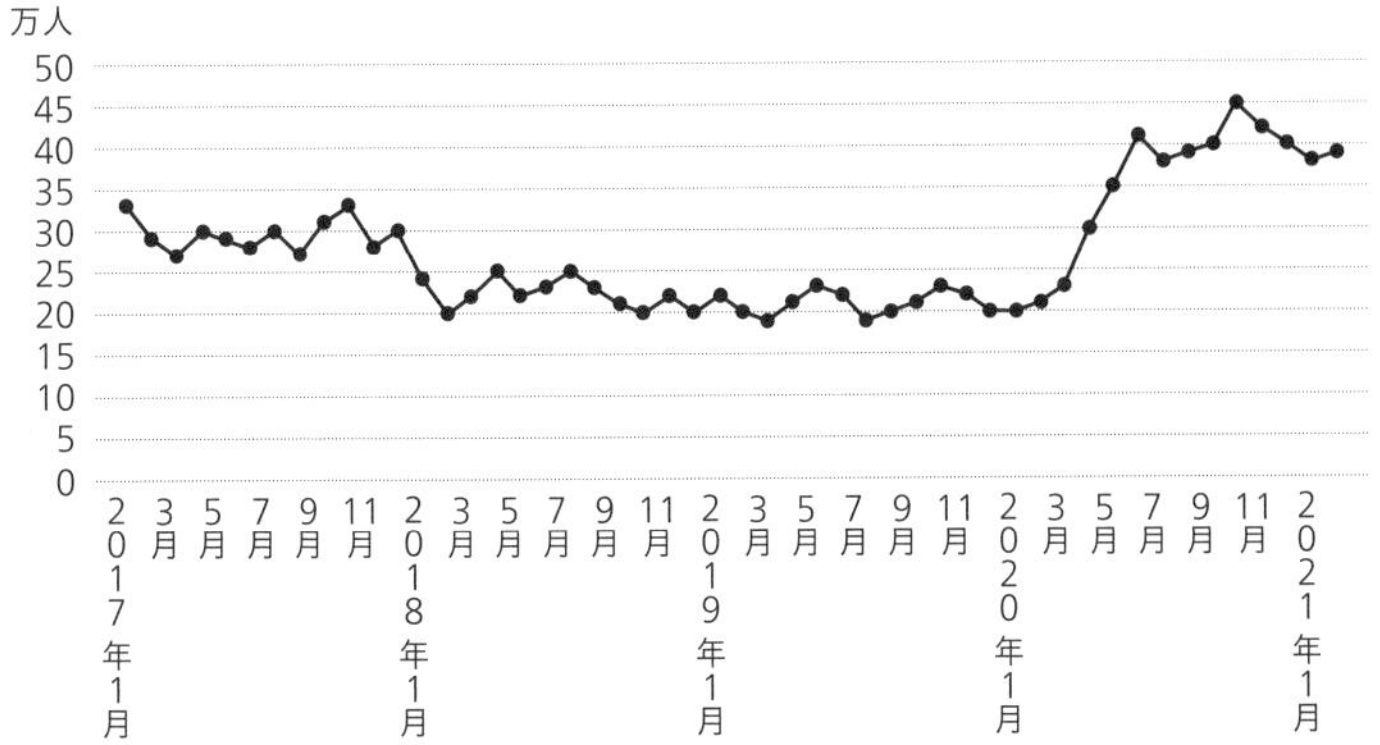

出所：「労働力調査（基本集計）」総務省統計局

かわらず、日本経済がさらに落ち込む可能性は否定できません。もともと日本の経済は、バブル後の失われた20年の間に成長することができず、今では国際的な競争力がある企業は数えるほどになってしまいました。もちろん、今回の新型コロナウイルスの感染拡大をビジネスチャンスと捉えて、急成長している企業もあり、それが将来的に国際的な企業になるかもしれません。

それでは、保険業界への影響はといいますと、お客様からのニーズにより、あらゆる保険商品において今まで以上に保険料の価格競争が進む可能性が高いと思います。また、終身雇用の崩壊が叫ばれている中で、将来の就労に関する不安から、就業不能リスクに対するニーズが高まることが予想されます。なお、社会環境の変化により生じる新たなリスクを商品化することができる損害保険会社においては、コロナ禍で急成長している企業のビジネスリスクを的確に把握して、ニーズに沿った商品開発を行って提供していくことにより、現在はビジネスチャンスと考えることもできます。

⑷ 低金利環境の継続

新型コロナウイルスの影響で税収が落ち込み、２０２０年度の国債発行額は前年度の３倍超の１１２兆５５３９億円に達しました。景気が悪化する中で、当面は日銀の金利政策が変更されることは考えにくく、日本の低金利環境は当分続くことが予想されます。また、今まで日本の金利と比べて相対的に高い水準であった米国の金利は、新型コロナウイルスの影響を受けて、米連邦準備理事会（ＦＲＢ）が政策金利をほぼ０％まで切り下げるという量的緩和政策を実施したため、一時的には下がったものの、昨今は回復基調にあります。

一方、株式市場は好調であり、２０２０年３月に日経平均株価が大きく下がったもものの、現在は非常に高い水準で維持しています。「現在はバブル状態であり、もうすぐバブルは弾ける」と主張する人もいれば、「現在はバブル状態ではなく適切な株価であり、新型コロナウイルスの収束により今後も株価は高い水準を維持し続ける」と主張する人もいます。私は経済の専門家ではないので、金利や株式の将来動向に関する言及は避けますが、本書が世に出たときには既に結論が出ているかもしれません。なお、これらの経済環境が保険会社および保険商品に与える影響は非常に大きく、保険会社の経営戦略とも密接に結びついてきます。

(5) ソーシャルディスタンスの意識とネット社会への急速な移行

新型コロナウイルスが発生する前は、世界中が繋がっていました。国際交流が盛んに行われ、世界中の人との間の距離は縮まる一方でした。しかし、今回の新型コロナウイルスの感染拡大により「ソーシャルディスタンス」という言葉が生み出され、人々の行動様式は一変しました。家族以外の人達との距離は遠くなり、見知らぬ人との接触は極力避けるようになりました。このような生活が1年以上も継続しているため、ソーシャルディスタンスは人々の潜在意識に深く根付いたように思えます。また、多くの企業が従業員の在宅勤務に対応すべく、インフラのネット化を進めた結果、ビジネスモデル自体の変革が起きるなど、企業活動は大きく変化を求められることになりました。ただし、新型コロナウイルスのせいで新しい方向へ針路を変えたというよりも、今までネット化への移行に消極的であったものの、新型コロナウイルスが推進を後押ししたという表現の方が正しいと感じています。なお、将来的に新型コロナウイルスが終息したとしても、ソーシャルディスタンスの意識は人々の潜在意識に留まり続け、ネット化したビジネスモデルが元の形へ逆戻りすることはほとんどないと思います。

また、保険業界における販売チャネルとしては、インターネット販売のシェアが非常に高くなりました。インターネットを通じて自身で保険商品を検討して加入することを覚えた人も多いため、新型コロナウイルスの終息後も、大いに期待の持てる販売チャネルになったと考えています。

図表16は、生命保険文化センターによる生命保険に関する全国実態調査の結果を分析したものですが、「インターネットを通じて保険に加入したい人」の割合は増える傾向であったにもかかわらず、「実際にインターネットを通じて保険加入した人」の割合は横ばい状態が続いています。つまり、今回の新型コロナウイルスは、今までイ

図表16　インターネットによる加入意向と実際の加入割合

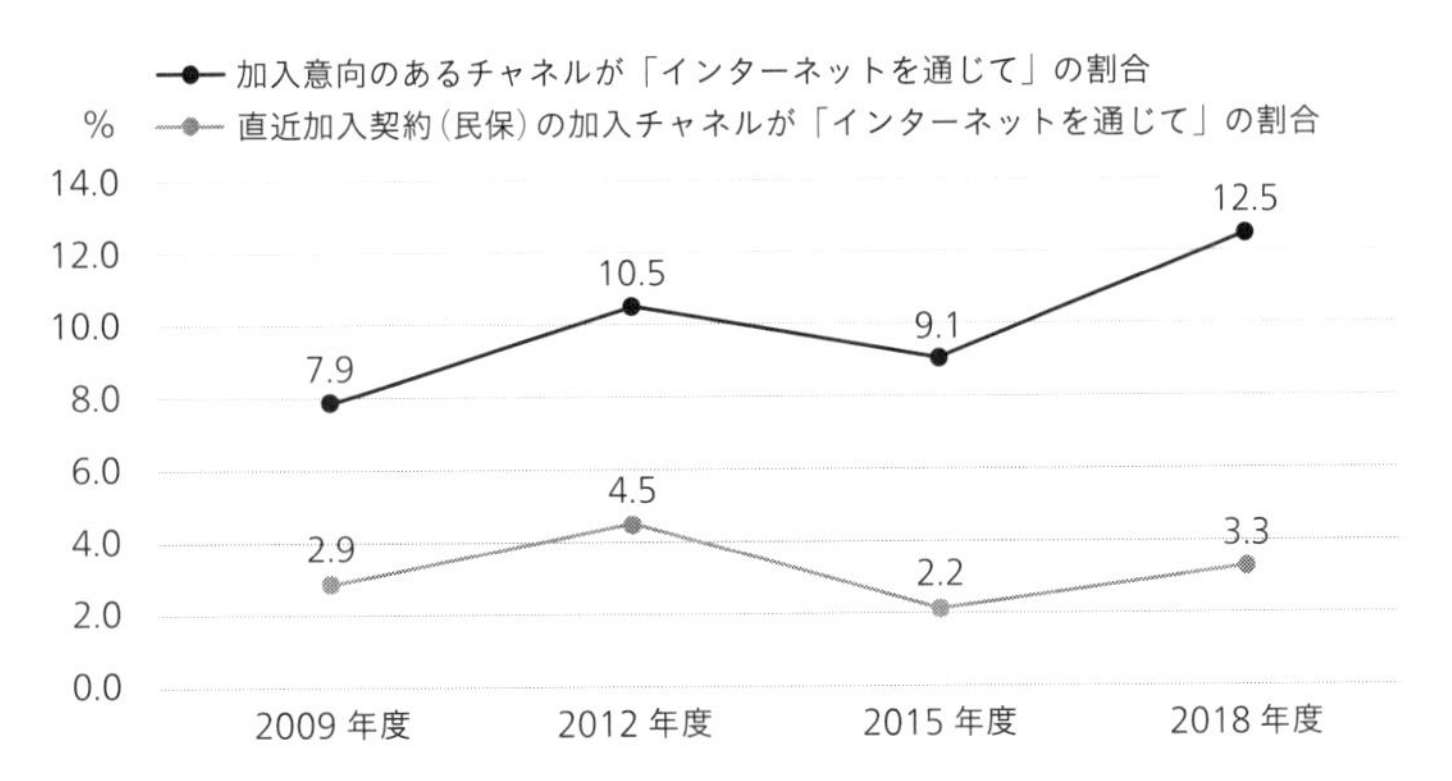

出所：「生命保険に関する全国実態調査」（生命保険文化センター）

ンターネットで加入しようと考えていたものの、実際の行動に踏み切れなかったお客様が、在宅勤務により空いた時間を利用して実現に至ったのではないかと考えることが妥当であると思います。

⑹ ニューテクノロジーの活用

前述のとおり、近年は数多くの金融機関においてFinTechの活用が積極的に推進されており、その導入状況を各社が競っている状況にあります。今まで人海戦術で対応していた事務作業の多くは、AIやRPA等のテクノロジーに代替することで人員削減を図ろうとしており、メディア報道によると、世界の銀行が

2020年に発表した人員削減数は8万5000人を超えたとあります。日本のメガバンクにおいてもテクノロジーの活用により人員削減計画が進められているとの記事をよく見かけます。これは一過性の流行ではなく、今後も続いていくことは間違いありません。他にも、従来人間が対応していたコールセンター部門においても、CGやアニメーションによる仮想のキャラを使ったAIチャットボットを通じてお客様と応対できるバーチャルエージェントを導入する企業も増えてきました。さらに、前述のとおり、自動車の自動運転技術に関しても、世界中の自動車メーカーやITメーカーが巨額の資金を投入して競っている状況であるため、予想を大きく超えるスピードで進化しています。もちろんガソリン車を廃止して電気自動車（EV）に変えることにより環境に貢献するというSDGsへの配慮もこれを後押ししています。ドローンの開発も急激に加速しており、戦地での利用がニュースになるケースが多くみられますが、自然災害発生地域における被災者への支援や、過疎地域における物品の配達など幅広い活用が可能な技術です。さらに、VR（Virtual Reality）の進化も止まりません。コンピューターが作り出した空間や世界を体感できる技術であり、VRゴーグルなどのデバイスを装着することで仮想空間における体験を可能にします。もともとはゲーム業界で活用されてきましたが、今ではビジネスでの活用も進んでいます。いずれは、オンラインミーティングがさらに進化して、実際に同じ空間に集まらなくても、一緒のミーティングに参加しているように見える技術になると思います。それは、オフィスに通勤可能な近隣に住まなければならないという従来の就労スタイルを変えることに繋がりますし、時間がかかる出張も大幅に削減されることが期待されます。

このようなFinTechの潮流の中で新型コロナウイルスの感染拡大が発生したため、保険会社は前倒しで業務プロセスのオンライン化を進めました。一旦改革が始まれば、今後の新型コロナウイルスの感染動向にかかわらず、随所でニューテクノロジーを活用した業務変革が行われるはずです。

(7) 保障性商品のニーズ増

新型コロナウイルスの感染拡大により、今まで健康に自信があって保険に加入していなかった人も、周辺に罹患者が増える状況を目の当たりにすることで、保障性商品に加入するケースが増えました。保障性商品の中でも、特に医療保険の加入者が大幅に増加しています。なお、新型コロナウイルスの罹患による入院や自宅療養は無症状や軽症であれば2週間程度という短期間で済むため、入院日数にかかわらず一時金が受け取れる入院一時金に焦点をあてた医療保険を選択されるお客様が多く、また保険会社側もインターネット上のバナー広告などで、「入院日数にかかわらず20万円」のように入院一時金のプロモーションを積極的に行っています。

ところで、米国においては、日本と比べてはるかに多くの新型コロナウイルスによる死者を出しており、2021年9月の時点で人口500人に1人という非常に高い割合ですが、それにより生命保険の加入件数が増えているというニュースがありました。若い人がオンラインで加入するケースが多いといいます。今後、日本において新たな変異株等の発生により死亡者が激増するようなことがあれば、日本においても死亡保険の加入者が増えると考えられます。

(8) 交通事故のさらなる減少

近年、運転支援技術・自動運転技術の進化により、2000年代に入ってから交通事故が減り続けていることは前述のとおりですが、新型コロナウイルスの感染拡大がはじまった2020年に入ってから、さらに交通事故は減少しています。2020年度の交通事故の件数は前年度から19%減少し、交通事故における負傷者数、死亡者数もそれぞれ20％、12％減少しました。この原因として考えられるのが、新型コロナウイルスの感染拡大による外出自粛と、それに伴う交通量の減少です。

これにより、現在の損害保険会社の収益源である自動車保険の実績損害率は、今まで以上に良化しており、新型コロナウイルスの感染拡大による売り上げの減少をカバーしたといえます。もちろん、損害率が良化すれば参考純率は引き下げられます。また、ほとんどの自動車保険は保険期間が1年であり、参考純率の引き下げに連動して自動車保険の保険料も引き下げられるため、今年度は高い収益額が実現できたとしても、翌年度も同じく高い収益額が実現できるとは限らないところが、損害保険会社の経営陣にとって悩ましいといえます。

6 今後の保険業界の行方

新型コロナウイルスの感染拡大が保険業界の動きを加速させた点については、今まで述べてきたとおりです。それでは、将来的に保険業界がどのようになるかについて考察していきます。

最初に申し上げますと、生命保険業界、損害保険業界ともに、置かれている状況は決して明るくありません。なぜならば、今まで説明したとおり、日本経済の低迷は続いている中で少子高齢化が進展しており、将来的に日本の人口が減少して市場が縮小していく可能性が高いためです。また追い打ちをかけるように低金利環境が長期間にわたって続いているため、保険会社が運用益を稼ぐことが難しく、貯蓄性商品も魅力を失っています。

そのような中で、大手の生命保険会社や損害保険会社の多くが、人口が増加している国を中心として海外進出を目論んでいるというのは極めて合理的な判断です。ただし、私は必ずしも国内市場が諦めざるを得ない状況であるとは考えていません。正しいやり方を選択すれば、まだまだ成長できる余地は残されていると思います。

それでは、それぞれの業界別に説明していきます。

まず生命保険業界ですが、生命保険商品の対象となるのは「人」であるため、単純に考えると、人口が減れば必然的に販売できる市場規模は減少していくと推測されます。また、生命保険業界が得意とする貯蓄性商品についても販売が難しい状況であるため、一見したところ活路が見えないように思えます。ただし、高齢者人口が増えれば、それにあわせた新たな保険商品のニーズも生じてきます。例えば、自身の葬儀代に関する保険、既に病気治療中である人向けの保険、認知症など今後患者数が増加することが見込まれる分野に関する保険、就業不能リスクに関する保険など、まだ十分に市場が成熟しておらず、これから成長が期待できる分野はいろいろと考えられます。つまり、社会環境の変化にあわせて画期的な保険商品を開発することができれば、市場を拡大させて売り上げを伸ばしていくことは十分に可能です。

続いて損害保険業界ですが、生命保険業界と異なり、偶然の事故による損害を幅広く引受けするため、人口減少による影響は生命保険業界ほどではありません。売り上げの多くを占める自動車関連の保険に関して支払率の大幅な改善が続いており、この状況は当面は続くことが予想されますが、自動安全運転技術の発達により、交通事故が減少して自動車保険の市場自体が縮小していくことが確実な状況です。また、火災保険も近年の自然災害の多発により、収支の悪化が続いており、地球温暖化の影響により今後も同様の状況が続く見込みです。さらに、傷害保険については生命保険と同じく対象が「人」であるため、今後の市場規模は縮小していくでしょう。ただし新種保険については、今般のネット社会の到来と新しいビジネスモデルの出現により、新たに生じるリスクをうまく商品化できれば、将来の収益源になる可能性があります。

それでは、各項目別に詳細に説明していきます。

(1) 市場と保険商品

a. 生命保険業界

昨今の生命保険業界においてセールスの中心となる市場は個人分野です。その中でも、生命保険会社は20代から40代のお客様をメインターゲットとして、保障性商品の営業活動をすすめてきました。なぜなら、この年齢層において、就職、結婚、出産、成人病の罹患などのライフイベントが集中して起こり、生命保険に対するニーズが高まるからです。

現在の生命保険商品は非常に複雑な保障内容になっていますが、経済環境と失業率の悪化等による社会的要請を受けて、今後はよりシンプルで低廉な保険料水準の保険商品が求められると考えられます。つまり、次のような保険商品です。

①死亡保険

自分が若くして亡くなった際に、家族の生活費や子供の養育費等に対する保障を望む声は相変わらず根強いものがあります。ただし、経済環境の悪化により、低廉な保険料水準で高額保障を望む人が増えることが予想されるため、保険料の高い終身保険より、保障が一定期間であるものの低廉な保険料で高額保障が可能である定期保険や収入保障保険などの定期タイプの保険商品の販売割合が増加していくと考えられます。

②医療保険

入院日数短期化の傾向を受け、入院日数に応じて入院給付金が得られるタイプの医療保険ではなく、入院日数とは関係なく一時金が得られるタイプの医療保険が人気を博しています。今後も入院日数のさらなる短期化が予想されますが、お客様から見てわかりやすいため、同様の商品の人気は続くであろうと考えられます。ただし、乗合代理店においては医療保険の商品開発競争は非常に激しく、乗合代理店の目を意識した単なるスペック競争になっている感があり、かつてのような高い収益性は望めない保険商品となってしまいました。したがいまして、いずれは過去の自動車保険と同様に単純な価格競争は終わりを迎えて、各社が独自の保障内容で勝負する時期が来ると思います。

また、単なる価格競争を避けるための方策の一つが、健康増進型保険とすることです。お客様に対して保険金や給付金を支払うこと以外の付加価値を提供することにより、他社商品との差別化が可能になります。

③がん保険

近年は医療保険と同じく、がん保険についても激しい商品開発競争が行われていますが、やはり単なるスペック競争の側面が強くなっています。

なお、従来より医療保険のがん特約として販売する方式と、単品のがん保険を販売する方式があり、各保険会社の商品戦略に依存しています。がんが日本人の国民病と呼ばれるようになったこともあり、両方式ともに今後も積極的に商品開発が行われていくことは間違いありません。ただし、がんはもはや不治の病ではなく、専門医の中には医療技術の発達により現在約6割のがん患者は治ると言う専門家もいます。

さらに現在では、血液や唾液等の採取で簡単にがんを早期発見する医療技術の開発が進められています。そのため、人気の高い保障であるがん診断給付金は今の保障内容のままでは生き残れないと思います。例えば、がん診断給付金の対象となるがんを、一定のステージ以上に限定することや、ステージ別に給付金額が異なることなどの対応策が考えられますが、今後は重度のがん治療に焦点をあてた保障内容へ主軸を移していくと思います。

④就業不能保険

近年大手保険会社が相次いで新商品を発売したため、就業不能という保険商品の認知度が急上昇しています。雑誌の保険特集でも取り上げられる機会が増えました。その背景として、戦後の日本企業の成長を支えた終身雇用制度が終わりを告げ、従業員は会社に自身の将来を委ねることが難しくなり、働けなくなった場合の収入減少リスクを意識するようになったからであると考えられます。したがって、今後は就業不能保険の市場規模の拡大が予想され、保険会社のこの保険商品に関する商品開発競争もますます激化していくと思います。

一方、前述のとおり日本においては少子高齢化が加速度的に進行しています。「令和2年版高齢社会白書」（内閣府）によりますと、２０１９年10月1日現在で総人口の28・４％である65歳以上人口は、２０４０年前後で最大となることが見込まれています。そのため、保険会社は従前の若年齢者向けの営業活動を継続しつつ、今までは主に貯蓄性商品に限定した販売ターゲットであった高年齢者に対して、積極的に保障性商品の営業活動を進めていくことになります。高年齢者は、医療技術の発達により長生きが可能となり、また社会的にも労働者としての期待値が高まっているため、今後の就労環境は拡大していくことが予想されます。ただし、高年齢になれば成人病をはじめとした各種の病気に罹患するリスクの増加は避けようがありません。つまり、既に病気の治療中であり、通常の保障性商品に加入できない高齢者向けの保険商品ラインナップが増えていくと考えられます。

⑤高齢者向けの死亡保険

高齢者向けの死亡保険としては、従来より相続を目的としたものと自身の葬儀費用を目的とした保険商品が販売されてきました。

そのような中、日本社会における核家族化が進んでいることもあり、自身の葬儀費用に対するニーズは高まる一方です。そのような高齢者にとって、高額保険料の支出が困難であるケースが多いため、今後はよりシンプルな終身タイプの保険商品や、超長期の定期タイプの保険商品が主軸となっていくと考えられます。

⑥高齢者向けの医療保険

高齢になると何らかの持病を抱えることになりますが、持病があっても加入できる引受基準緩和型の医療保険については既に一定の市場を確立しており、多くの保険商品が販売されています。今後はこの分野が生命保険会社の主戦場になる可能性が高く、さらなる商品開発競争が繰り広げられると考えられます。昔の引受基準緩和型の医療保険にあった給付金の削減支払期間などはなくなり、保障範囲の拡大と保険料の引き下げ競争が行われているため、いずれは通常の医療保険と同様に単なるスペック競争は終わりを迎え、認知症などの高齢者に特有の病気などに手厚い保障がある独自性の強い保険商品の開発競争へ移行すると考えられます。また、病気の進行を止める商品付帯サービスの提供など、給付金の支払い以外の別の付加価値を提供することが求められるはずです。

⑦高齢者向けの就業不能保険

営業現場においては30代から40代のお客様に対して死亡保険、医療保険やがん保険のみならず就業不能保険の提案が行われる機会が増えました。今後は高齢の労働者が増えることもあり、70歳や80歳といった高齢時まで働くことを想定して老後のライフプランを策定するお客様が増加することが予想されます。したがいまして、50代以降のお客様に向けた引受基準を緩和した高齢就労者向けの就業不能保険が今後開発される可能性が高いと考えられます。

⑧認知症・介護保険

近年多くの生命保険会社が認知症保険を発売しており、非常に注目を集めている保険商品の一つです。背景としてあるのは、２０２５年に日本の認知症患者が７００万人を超えて、65歳以上の高齢者のうち５人に１人が該当するという衝撃的な厚生労働省の報告内容によります。もともと認知症は、介護状態の一つですが、介護保険は今まで多くの保険会社が販売に苦労してきた保険商品です。その理由としては、30代から40代のお客様にとって将来自分が介護状態になるイメージをしづらいことが挙げられます。そのためより一般の消費者に刺さりやすい用語である「認知症」を前面に出して介護保険の販売を推進している生命保険会社もあります。なお、要介護度別の状態区分としては、要支援1～2、要介護1～5とあり、昔の介護保険は要介護3か4以上に該当することが給付金の支払要件でしたが、最近は、要支援も給付金の支払対象とする保険商品が増えています。今後も確実に市場拡大が見込まれるため、これから多くの保険商品が開発されて市場に投入され、激しい販売競争が生じると予想されます。ただし、そのためには、若いお客様の加入意欲が上がるように魅力的な保障や商品付帯サービスを用意する必要があります。

⑨貯蓄性商品

高齢者に対して、退職金等の資金をリスク分散する目的で貯蓄性商品が販売されることが多く、リーマン・ショックの前は変額年金保険、それ以後は外貨建年金保険が主力商品でした。しかし、外貨建年金保険については近年苦情が激増したこと、日本に比べて金利水準の高い諸外国の金利が、新型コロナウイルスの感染拡大を受けて政策的に引き下げられ、さらに2022年4月に標準責任準備金の対象となるため、今後の販売に消極的な姿勢に変わる生命保険会社が出てくる可能性があります。

そのような中、株式市場が活況を呈していることもあり、変額年金保険の再販売に力を入れ始めた生命保険会社もあります。低金利環境下において、株式市場が好調である限りは変額年金保険にとって魅力的な状況であるため、積極的な販売が続いていくと考えられます。もっとも運用環境が流動的な状況の中、貯蓄性商品の販売に力を入れている生命保険会社は柔軟な対応が求められます。

ところで、外貨建年金保険や変額年金保険は、もともとは比較的富裕なお客様向けの保険商品ですが、老後のライフプランに不安を感じている人が多いため、一般的なお客様向けの貯蓄性商品のニーズが今後高まっていくと考えられます。つまり、超高齢まで生きた場合に老後資金が枯渇する可能性があるため、長寿化は人によってはリスクであると認識されるためです。このため、今後はトンチン年金保険のニーズが高まる可能性があります。現在は生命保険会社数社がトンチン年金保険を発売していますが、死亡時や解約時の返戻金を少なくすることを原資として、低金利下においてもある程度の利回りが実現できるため、大いにポテンシャルを秘めた貯蓄性保険商品であるといえます。今後魅力的なトンチン年金保険が発売された場合は、一大市場に成長するかもしれません。

今までは個人市場について述べましたが、続いて生命保険業界における団体市場に関しても言及したいと思います。団体市場といってもいくつかあり、企業における従業員を対象とした生命保険が一般的です。特に従業員が保険料を負担して任意加入するタイプの団体保険は、個人で加入する場合と比べて団体割引が適用されるため人気があります。この商品は、従業員の福利厚生制度の一環として、今後も企業内で積極的に販売されていくと思います。

一方、別のタイプの団体市場向けの保険商品として注目しているものが2つあります。まず一つ目は、企業における従業員全員加入型の団体保険です。保険料は企業が負担しています。企業の人材不足を背景として、従業員の健康管理や健康増進の取組みを経営的な視点で捉えて戦略的に実行する「健康経営」が、従業員の定着率を高める効果のある取組みとして、大いに注目されています。既に総合福祉団体定期保険を導入している企業は数多くありますが、全員加入型の団体就業不能保険などの保険商品を福利厚生制度の一環として導入することにより、会社の魅力を大きく向上させることが可能となります。例えば団体就業不能保険の場合は、傷病で働けなくなった際に給与の一定割合を定年まで保障することができるため、従業員の企業に対するロイヤリティーは高まり、安心して働けるようになります。このような福利厚生制度の導入により、従業員の退職防止や新たな優秀な人材の採用に繋げることができます。また、全員加入であるため、個人加入の場合と異なりモラルリスクや逆選択リスクが起こりにくくなるため、一般的に生命保険会社が提供することをあまり望まない保障についてもお客様へ提供することが可能となります。例えば、不妊治療の保障や精神疾患時の保障などが該当します。

二つ目は、住宅ローンの加入者を対象とした団体信用生命保険です。銀行で住宅ローンに加入するときに勧められる保険商品ですが、住宅ローン返済中に死亡した場合に住宅ローンの債務残高を保障する保険商品として、昭和30年前後から銀行で積極的に販売されてきました。住宅ローンが銀行にとって貴重な収益を生み出す重要な金融商品であるため、団体信用生命保険は今後も販売されていくことは間違いありません。なお、昔の団体信用生命保険は死亡・高度障害の場合のみを保障する保険商品でしたが、現在はがんや三大疾病に罹患した場合なども住宅ローンの債務残高に相当する給付金が支払われるタイプの保険商品が増えてきています。銀行にとっても、保障範囲の拡大は、上乗せ金利の獲得や他行の住宅ローンとの差別化というメリットがあるため、今後も新たな商品の投入による増収が期待できます。

b. 損害保険業界

続いて損害保険業界における市場と保険商品について考えてみます。個人分野が強い生命保険業界と異なり、損害保険業界全体で見てみると、セールスの中心は企業分野です。その理由は次のとおりです。

・人の生死や傷病の罹患といった「人」に関する保険がすべてである生命保険と違い、損害保険は人の生死以外のあらゆる偶然の事故に関するリスクを引き受けることができるため、必然的に企業活動に伴って生じるリスクの保険商品化と販売が中心となっているため

図表17　正味収入保険料（2019年度）

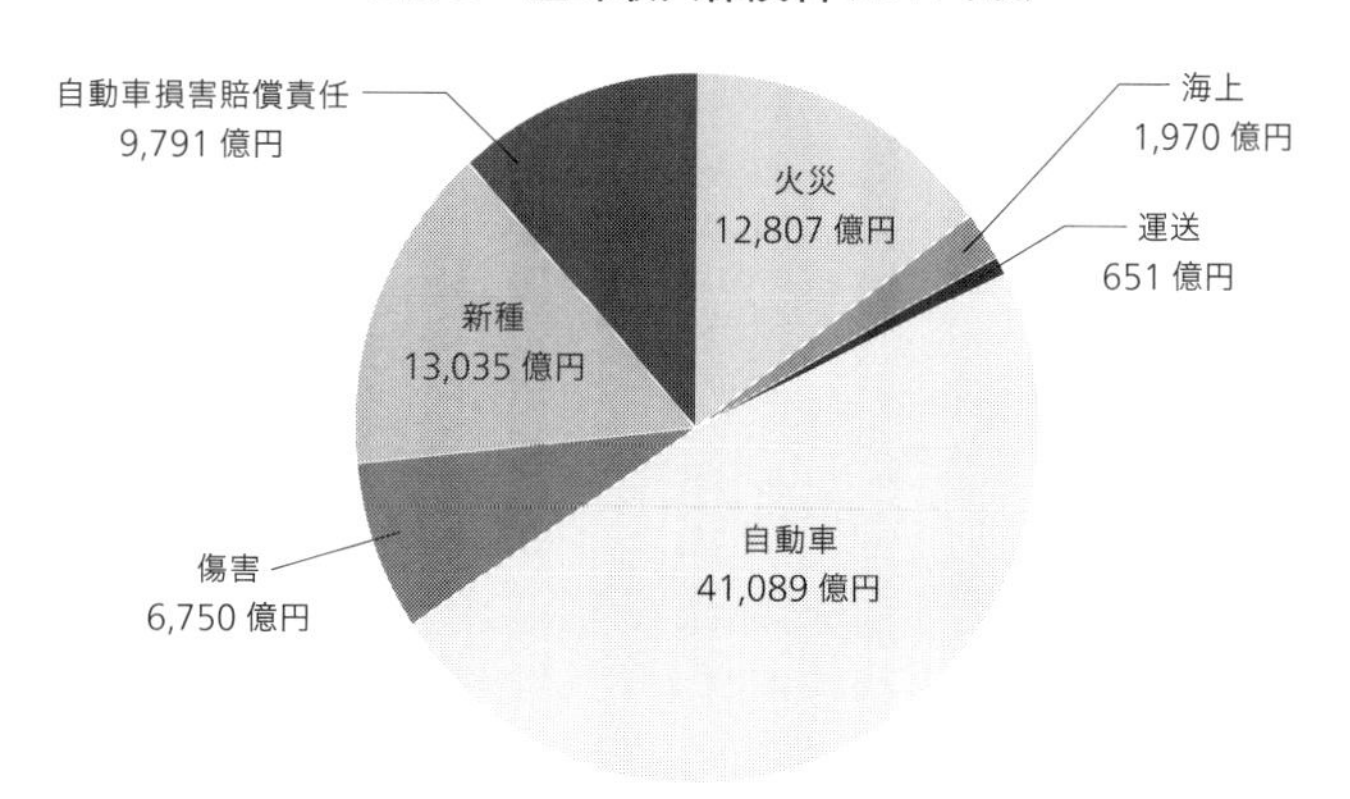

出所：日本損害保険協会の資料より筆者作成

・生命保険会社は自社専属の営業職員等を通じて個人のお客様と強固な関係を築いているが、損害保険会社は歴史的に募集代理店を通じた取引がほとんどである。その募集代理店は企業グループの機関代理店やディーラー代理店など、企業活動と密接な繋がりを持っている。損害保険会社は自動車保険や火災保険を中心に数多くの個人のお客様の保険契約を引き受けているが、その多くは取引先の企業を通じたものである。そのため、損害保険会社は個人のお客様との直接のリレーションをあまり持って

いないため

もちろん、損害保険会社にも自社専属のプロ代理店もいますし、ダイレクト系損害保険会社はインターネットを通じて募集代理店を通さずにお客様に直接販売していますので、必ずしもこの限りではありません。しかし、損害保険業界全体で見ると、個人のお客様への影響力は強くありません。日本の人口が減少していることも加味しますと、今後も個人分野へ大きな期待を寄せることは難しく、やはり損害保険業界にとって期待できるのは引き続き企業分野であると考えられます。

なお、損害保険会社は従来から大企業に対しては十分に関係強化を図っているものの、従業員数が５００名以下といった中小企業に対しては、営業活動の効率化の観点もあり、積極的な提案活動が進められていないことが以前よりしばしば指摘されてきました。しかし、昨今のFinTechベンチャーの台頭に見られるように、従業員数が会社の力量を示すものではなくなってきていることを考えますと、今後は先行投資の意味も込めて中小企業への営業活動を重点的に取り組むことも重要であると考えられます。

図表17は、現在の損害保険業界における保険種目別の正味収入保険料です。割合の高い保険種目について今後の見込みを説明していきたいと思います。

①自動車関連の保険（自動車保険＋自動車損害賠償責任保険）

損害保険全体の正味収入保険料の約6割を占めています。多くの損害保険会社における主力商品となっています。前述のとおり、運転支援技術・自動運転技術の進化が進んでいるため、交通事故の発生件数は近年大幅に減少しています。さらに、2012年に実施された自動車保険のノンフリート等級別料率制度の改定により、等級据え置き事故が廃止され、事故を起こした後の3年間について事故有係数が適用され、同係数が適用されない同じ等級と比べて保険料が割高になるため、軽微な事故の場合に保険金請求が行われにくくなりました。これらにより、自動車保険の実績損害率は劇的に改善しており、現在の損害保険会社の収益に多大な貢献をすることとなりました。当面はこの好状況が続くと思いますが、将来的に自動運転技術が進化し続けた場合に交通事故はほとんど起こらなくなり、自動車保険の存在意義が薄れることが想定されます。もちろん、そこに至るまではかなりの時間を要するため、一気に現在の自動車保険が必要なくなることはありません。しかし、いずれは損害保険業界における収益源である自動車保険がその地位を失う未来の到来は確実であり、損害保険会社は新たな収益源を探す必要に迫られることになります。

②火災保険

火災保険は、損害保険業界において自動車関連の保険に次ぐ主力商品として長い間君臨してきました。しかし、前述のとおり近年の大規模自然災害の多発に伴い、収益が悪化しています。今後も地球温暖化の影響で自然災害の多発が続くと専門家は予測しており、今後も収益を生み出す保険商品として期待することは難しい状況です。火災保険は特に公共性が高いといわれる保険商品であるため、保険料を一気に引き上げることは社会的に許されにくい状況ですが、最近は短いスパンで損害保険料率算出機構が参考純率の引き上げを行っています。それにあわせて損害保険会社も保険料を引き上げていますが、今後も保険料の引き上げが断続的に行われ、減少してしまった異常危険準備金の積立額を回復して、適切な収支水準に安定させる必要があるものの、前途多難です。また、火災保険の保険期間は２０２２年に現行の最長10年から5年に短縮される予定ですが、これも将来の自然災害リスクを予測できないことの表れですし、当面は大規模な自然災害が発生するごとに、損害率に関して一喜一憂する状況が続くはずです。もしも火災保険を長期安定的に収支が得られる保険商品へ変えようとするならば、補償するリスクの範囲を拡大して保険料水準を大幅に引き上げることにより自然災害リスクの占率を薄めることや、自然災害の補償に対して支払限度額や免責金額を設けることなどの抜本的な商品改定が必要になりますが、営業上の観点からはあまり現実的な選択肢といえません。

③傷害保険

傷害保険は、自動車保険や火災保険と同じく損害保険料率算出機構が参考準率を算出しています。損害保険業界における基幹種目の一つであり、長い歴史があります。販売はほとんどが企業における福利厚生制度として団体契約の形を取っており、被保険者数に応じた団体割引や実績損害率に応じたリザルトレーティングによる保険料設定が行われるため、毎年ある程度の保険料水準は確保できるものの、一定以上の収益を望むことは困難です。さらに、今後はＩＴ化とともに多くの企業が従業員数を減らしていくことが予想されるため、将来の損害保険会社における収益源の保険商品とすることは難しい状況です。

④新種保険

新種保険は、自動車関連の保険、火災保険、傷害保険、海上保険や運送保険以外の損害保険の総称であり、盗難保険、建設工事保険、賠償責任保険、ペット保険、信用保険など、極めて数多くの専門的な保険商品が含まれます。なお、新種保険のリスクは、自動車保険、火災保険、傷害保険と比べて不安定であり、時には一事故で100億円を超える保険金支払いが発生する保険商品もあります。そのような保険商品の場合、巨額の保険金支払いの可能性がある一方、全く事故が発生しない年もあるので、長期間にわたって観察しないと正確な収支が分析できません。

なお、従来の企業向けの保険は、建物、工場や自動車など、企業の管理財物に対する保険商品の販売が中心でした。しかし、ビジネスにおけるIoT（Internet of Things）が進展していることを受け、管理財物は徐々に減少することになり、企業が抱えるリスクは目に見えないものに変化しています。実際、多くの損害保険会社は、企業のサイバーリスクを補償する保険商品の積極的な提案活動を行っています。また、新型コロナウイルスの感染拡大により、事業継続リスクに対する関心が高まっていることもあり、今後は企業活動に伴うニューリスクに対応した保険商品の開発が望まれます。

また、このようなニューリスクの保険商品化が、損害保険業界にとっての将来の収益源になる可能性を秘めています。

損害保険業界の人と話していると「自動車保険はいずれなくなり、火災保険は今後も収益悪化が続くため、損害保険業界の未来は暗い」といったネガティブなコメントを聞くことがあります。しかし、〝人の生死以外のあらゆる偶然の事故によるリスク〟を保険商品化できる点が、損害保険の大きな強みであり、一見ピンチに見える状況もチャンスに変えることが可能です。世の中のビジネスが大きく変化している今だからこそ、新たに生じるリスクを正しく捉えて、新商品開発を行っていくことが今後の生きる道ではないかと思います。例えば、1995年7月に製造物責任法（PL法）が制定されたときにPL保険が生まれ、2003年5月に個人情報の保護に関する法律が制定されたときに個人情報保護保険が生まれたように、世の中が変わるときは、損害保険会社にとっての一大ビジネスチャンスであるといえます。

⑵ 販売チャネルと募集管理

まず販売チャネルを、生命保険業界と損害保険業界に分けて説明していきます。

a．生命保険業界

生命保険業界における最大の販売チャネルは営業職員であり、生保レディと呼ばれる人達が戦後の生命保険業界の基礎を作ってきました。昔は、大小問わず多くの企業の職場や食堂等に出入りして、生命保険の販売を行うことができました。また、保険に関する相談のみならず、就職、結婚や出産等のお客様を取り巻く多くの悩みの相談役や、地域におけるまとめ役として活躍する営業職員も数多くいました。しかし、昨今は従業員の個人情報管理が厳しくなったことや、コンプライアンスの観点等により、職場への出入りは難しくなり、企業の従業員との接点は少なくなりました。そのため、将来的には衰退していく可能性が高い販売チャネルであるといわれています。しかし、インターネット専業生命保険会社が開業して10年以上が過ぎた今となっても、営業職員は未だに強い影響力を有しています。もちろん、営業職員を抱える生命保険会社にとっては、多くの契約を獲得して現在の巨大資産の形成に貢献した功労者であり、会社として強力なサポートを行っていることも大きな理由だと思いますが、それだけではありません。保険商品の中でも特に生命保険は、お客様が積極的に加入意欲を湧かせる商品ではなく、消極的な理由で加入するケースが大半であるという点が大きいと考えています。誰か他人から勧められない限り、自発的に自身の将来のリスクを分析して、喜んで生命保険に加入するようなお客様はまずいません。自分の親族、知人、同僚や著名人などに不幸な出来事が起きた際に、初めて生命保険加入の必要性を認識するお客様がほとんどです。そのようなタイミングで保険募集人から何回か説明を受け、自分のライフプランや家計と相談した上で保険加入を決めます。わかりやすい例として今回の新型コロナウイルスの感染拡大により、自身の感染リスクを強く意識した多くのお客様が、医療保険に加入したケースを考えてもらえばと思います。保険商品に加入するのは、ｅコマースのサイトをネットサーフィンして、たまたま見つけた面白いグッズを興味本位で購入するのとは全く異なります。さらに、日本人の金融リテラシーが低いことも理由として挙げられます。日本においては学校で金融について学んだ経験のある人はほとんどいないと思います。保険リテラシーが低いお客様にとって、保険募集人から丁寧な説明を受けることによって安心して生命保険に加入することができます。もちろん、仕事上などでお付き合いがある人から勧められて生命保険に加入するケースも、日本人の性質や商慣行上非常に多くありますし、今後もそう簡単には変わらないと思います。なお、そうはいっても、生命保険は一生のうちで自宅購入の次に高い買い物であるとみなされてますし、家計を節約したいときは毎月

図表18　世帯主年齢別 加入傾向のあるチャネル

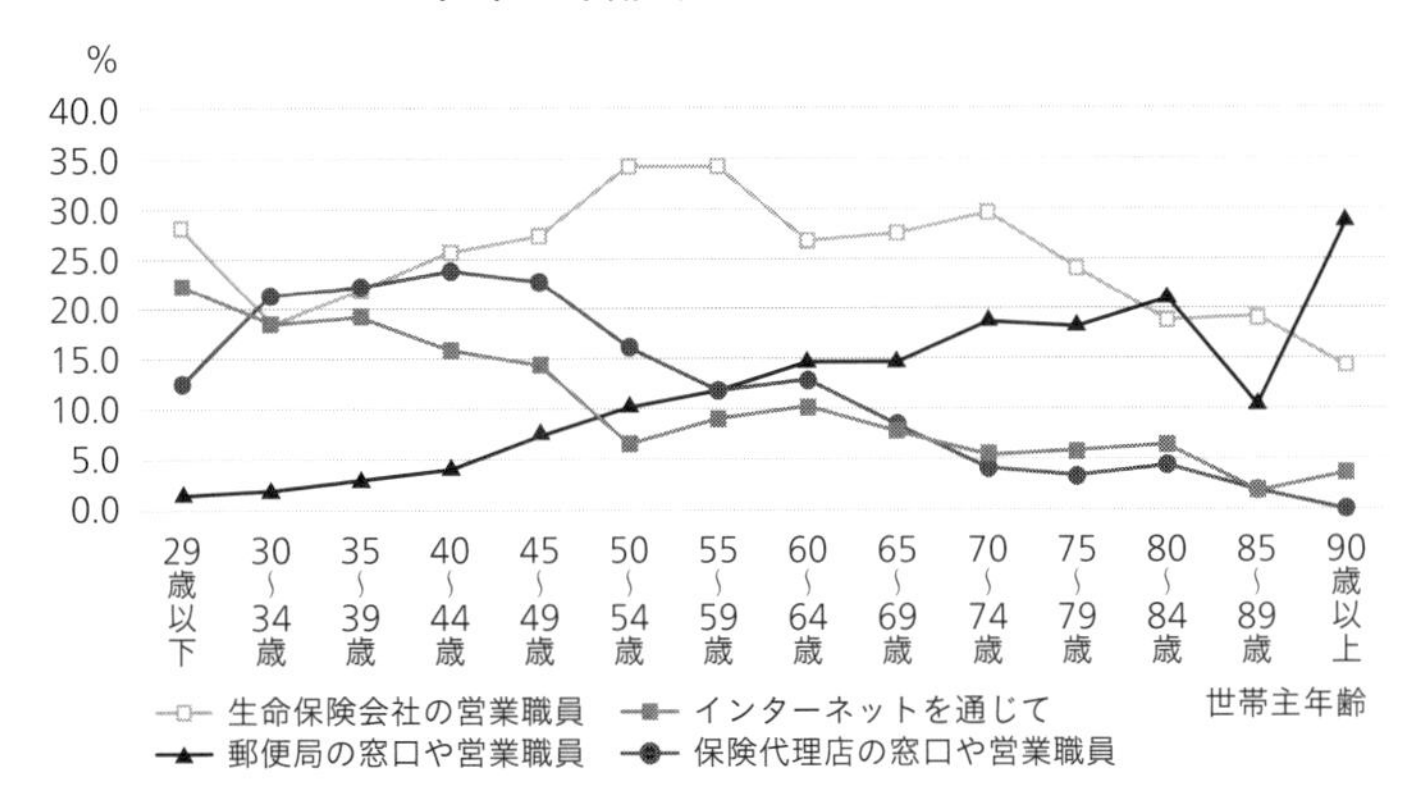

出所：「平成30年度　生命保険に関する全国実態調査」（生命保険文化センター）

支払っている保険料を切り下げることが、手っ取り早い解決策となります。在宅勤務の普及と今後予想される経済不況により、今まで以上に自分自身で関連するリスクを理解して、納得できる生命保険商品に加入しようと考えるお客様が増えていくことは間違いないと思います。そのため、保険ショップなどの乗合代理店やインターネット通販については今後もシェアを伸ばし続けていくと考えられます。図表18は、年齢区分別に生命保険に加入したい販売チャネルの割合を示したものです。

若い人の多くは、保険代理店やインターネットを通じて生命保険に加入した

図表19　保険キャプティブの仕組み

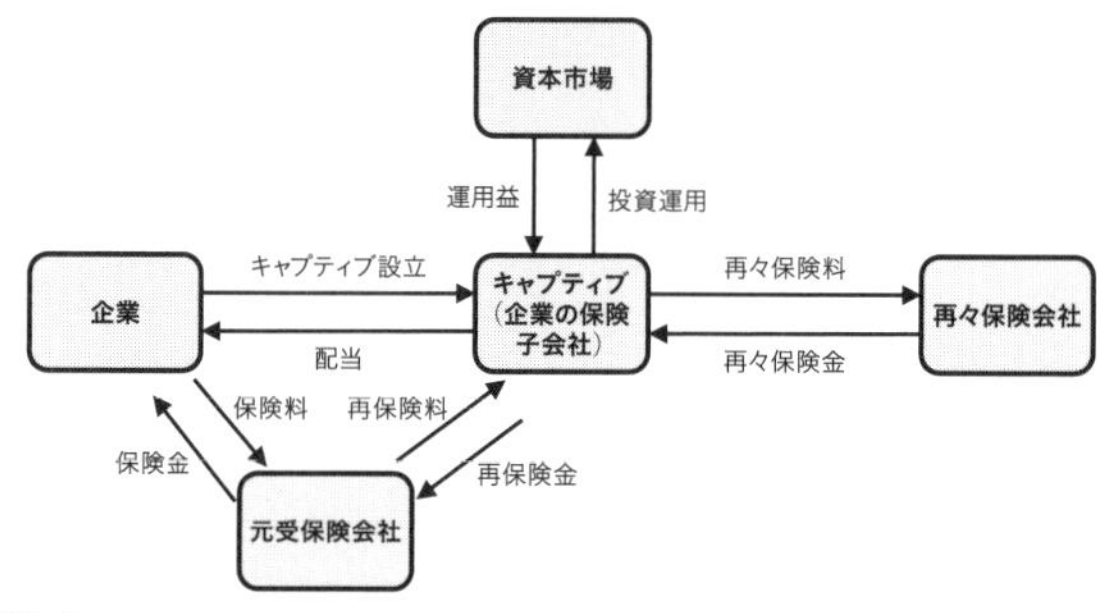

出所：筆者作成

いと考え、高年齢者の多くは郵便局で加入したいと考えているというのは、直感的なイメージと同じであると思います。一方、幅広い年齢層の人が、営業職員を通じて生命保険に加入したいと思っている点も、推論を裏付けるものであると考えられます。

b．損害保険業界

次いで、損害保険業界における販売チャネルについて考えてみます。損害保険業界において従来から主力チャネルであるのは保険代理店であり、その中でも企業グループの系列会社が保険業を営む機関代理店の影響力が特に強力です。企業は取り巻くビジネスリスクに対応した数多くの損害保険に加入して、毎年多額の保険料を支払っていますが、90年代の終わり頃にリスクファイナンスの手法として保険キャプティブを作ることが話題になり、多くの大企業が検討を行いました。図表19のとおり、海外の法制度が整っている地域に企業の保険子会社を設立して、自社の保険の引受けを行い、コスト削減を図るというものでしたが、結果的にその手間とコスト等の見合いから実現しませんでした。なお、従来より多くの企業は系列の機関代理店を通じて損害保険契約を締結していますが、企業グループトータルでの支出を減らすためにも、今後もこの点は変わらないはずです。なお、保険業界外の人から「なぜ巨大企業は自家保険とせずに、多額の損害保険料を支払い続けるのか」と質問を受けることがあります。たしかに長い目で見ると、企業が毎年払う保険料には安全割増や保険会社の利益等が含まれているため、特に大企業であれば単純収支は赤字になるかもしれません。しかし、企業にとって、巨大災害などにより、単年度に特別損失が生じて毎年の決算内容が大きく変動することを避けるべく、損害保険料の支払いにより毎年の収支を平準化させることは意味があります。また自家保険の場合は企業自身の有税積み立てが必要になりますが、損害保険料であれば費用計上が可能となるため税制上のメリットがあります。ここまでは、企業が損害保険を選択する理由の一般論ですが、同じくらい重要な理由として、損害保険会社による取引先企業への本業支援活動が挙げられます。例えばディーラー代理店であれば、損害保険会社の社員が自動車の斡旋を手伝ってくれます。私も、損害保険会社の営業社員時代は取引先の物品を自腹で購入したことや、知人に購入を斡旋したことが数多くあります。食品業界を担当していたときは、毎日のように社員や知人への食品斡旋に多くの力を注いでいたように記憶しています。したがって、企業分野においては、単純に損害保険会社の提案する保険商品の良し悪しのみでは、採用の可否は決まりません。つまり、販売チャネルの観点から考えますと、中小や外資系の損害保険会社がゲームチェンジを起こしづらい状況であるといえます。

ところで、生命保険業界、損害保険業界に共通していえることですが、前述のとおり、金融サービス仲介法制により、金融サービス仲介業が新たな販路として浮上してくることになりました。2021年11月に法律が施行され、実際に金融サービス仲介業者が営業を開始することになります。スタート時点では仲介可能な保険商品が著しく制限されているため、これらのIT企業にとってあまり魅力ある制度ではないかもしれません。しかし、今では数多くの人がスマホ上でアプリを使いこなすようになり、数多くのサービスを受けるようになりました。銀行窓販も解禁当初の販売可能な保険商品はかなり限定的でしたが、時間をかけて販売可能な保険商品が増えてきました。

同じように、金融サービス仲介業においても規制緩和が進んでいくようであれば、販売チャネルとして将来的にかなり期待できるのではないかと考えています。

続いて募集管理について言及します。過去に保険業法の改正や保険法の制定等により、保険業界においては募集管理体制に関する高度化が何度となく図られてきました。そして、個人市場においては、今後の保険募集の中心が対面から徐々にオンラインにシフトしていくことは間違いありません。そのような環境下で、今では多くの保険募集人はオンラインでお客様に対する保険提案を開始しています。さらに、数多くの保険会社は、DX（デジタルトランスフォーメーション）関連の部署を立ち上げて、オンライン募集やオンライン契約締結の仕組みづくりに取り組むとともに、既存の対面販売チャネルとの融合を図っています。保険募集人に対する勉強会も今やオンラインが中心となり、オンデマンド化することにより、効率的な教育の提供が可能になりました。

便利になったのは良いことですが、そこに潜むリスクも気を付けなければいけません。例えば、なりすましのリスクは厄介です。対面であれば免許証等により本人確認は容易であるものの、オンライン上ではなかなか識別しづらくなります。さらに、保険募集人の目視によるお客様の確認もできなくなります。募集方法が変わるのであれば、それにあわせて保険会社は新たな募集管理体制を構築していく必要があります。
また、今後高齢者の人口が増えていく中で、シニアマーケットに積極的に参入していくのであれば別の注意が必要となります。生命保険業界の場合は生命保険協会が作成した「高齢者向けの生命保険サービスに関するガイドライン」に定められているとおり、誤った保険募集が行われないように細心の注意を払う必要があります。例えば、最近いくつかの生命保険会社が販売を開始した保険契約者代理特約も、契約者が認知症などで意思表示できなくなった場合に、あらかじめ指定された代理人が代わって手続きができる仕組みであり、超高齢社会においては有効であると考えられます。

最後に保険業界における募集手数料について言及したいと思います。原則論として、現時点で保険の募集手数料はほぼ開示しておらず、保険業界に対する不信感を醸成している理由の一つにも挙げられています。銀行窓販においては、２０１６年に投資信託とのイコールフッティング等の観点から、変額年金保険や外貨建保険といった市場リスクを有する生命保険に関する募集手数料開示の議論が起こりました。しかし、結果的に法規制上義務付けられることはなく、多くの銀行が２０１６年10月から自主的に募集手数料を開示するに留まりました。その後は、募集手数料開示の話題は保険業界であまり聞こえてきません。しかし、特定の保険代理店に対して極めて高額な募集手数料の提案が未だに行われているのも事実です。そのため、募集手数料の適切性について保険業界内で慎重な検討が行われています。

なお、新たに始まる金融サービス仲介業については、仲介手数料の開示義務があります。したがって、将来的にはどこかのタイミングで、保険会社が全面的に募集手数料を開示せざるを得ない局面が来ると予想しています。

(3) 投資と運用

保険会社は原則として保険商品のみを販売しているため、運用利回りは保険契約の予定利率以上の水準を実現することが望まれます。ただし、保険会社の資産の多くは、将来の保険金支払いに充当する責任準備金に対応しているため、安全性や公共性が強く求められ、運用方法に一定の制限がかかっています。もちろん、ジャンク債やデリバティブを積極的に活用して超高利回りの実現を狙いに行くことは許されません。損害保険会社にとっても資産運用は重要ですが、特に保険期間が長期の契約を多数抱える生命保険会社にとって、資産運用は死活問題です。そのため、低金利が続く昨今においては、外国社債等で高い利回りを確保しつつ長期国債も購入するなど、幅広い運用手段が選択されています。

ところで、新型コロナウイルスの感染拡大により、多くの諸外国において政策金利の引き下げが行われましたが、株式市場についてはバブルではないかといわれる状態が続いています。低金利環境が続く中で、魅力的な貯蓄性商品の発売を期待する声が多くありますが、円建ての定額貯蓄性商品の魅力が低いこともあり、最近では変額年金保険が再び脚光を浴びています。今後も、経済動向や運用環境を読みにくい状況が続く中で、貯蓄性商品は、保険種類ありきではなく、運用環境から考慮して選択された保険商品の開発や販売が行われていくと考えられます。

昔は上場企業の株式を保有していれば、高度経済成長の波に乗って自然に株価が上昇して配当が受け取れる上に、当該企業の長期安定株主として管理財物や従業員への保険販売も狙えるなど、営業効果も期待できました。しかし、今では機関投資家にスチュワードシップ・コード（Stewardship Code）に基づいた行動規範が求められることになり、投資先企業の持続的成長を促し、顧客や受益者の中長期的な投資リターンの拡大を図る対話が必要になりました。日本でも、２０１４年に金融庁が「日本版のスチュワードシップ・コード」を策定しました。そのため、昔のように取引先企業から

「安定株主になって欲しい」と頼まれて商業上の理由から株式を保有することになったものの、経営には一切口を挟まないということは許されなくなりました。そんな折、大手生命保険会社が地方銀行の株式を売却するという驚きのニュースがありました。地方銀行を取り巻く厳しい経営環境を踏まえて判断したとのことですが、2025年に導入される国際資本規制の影響も受けていると考えられます。地方銀行の株式を保有し続けるメリットとデメリットを比較し、相当の時間をかけて経営判断した苦渋の決断であろうと思料します。

なお、昨今はESG投資が強く推進されていますが、運用先に関して運用成果の期待値のみならず、どのような取組みを行っている企業や団体であるかに関する慎重な調査が必要となりました。諸外国と比べて日本におけるSDGsの取組みは遅れていますが、SDGs推進へのさらなる社会的圧力がかかっている中、保険という公共性が高いビジネスを行っており、機関投資家として強い影響力を持つ保険会社は、ESG投資に積極的に関与していく姿勢が求められます。実際、グリーンボンドや、国際復興開発銀行が発行するチルドレンボンドに投資する保険会社も出てきました。また、大手保険会社の多くは運用判断にESG評価を適用すると宣言しています。これは、保険会社のイメージアップを目的とした単なるPR活動の一環というわけではありません。不適切な投資を行っている企業は、国際市場で淘汰される時代になっており、ＥＳＧ評価の高い企業の方がビジネス上も多くのメリットを享受できる可能性が高いため、結果的にＥＳＧ投資は高い運用成果を生み出すと考えられています。

大手保険会社は海外展開を狙っているため、なおさらこの点が重要になるはずです。

⑷ オペレーション

新型コロナウイルスの感染拡大が起きた際に、多くの保険会社はリモートワークシステムの導入を決め、主として在宅勤務へ移行したことは記憶に新しいと思います。その後1年以上が経過しましたが、保険会社は継続的に社内オペレーションの改善を図り、多くの保険会社において、ほとんどの業務がリモートワーク可能になったといわれています。今では金融庁とのやりとりでさえオンラインで行われるようになりました。また、ＳＤＧｓの観点でCO_2の排出量を削減する目的もあり、最近の保険業界はペーパーレスに傾いています。保険加入時に紙の申込書を提出する必要がないオンライン申し込み及びオンライン署名を可能とし、保険証券や契約のしおり・保険約款の配布もデータにて行う方向へ強く動いています。保険加入者に対して1年に1回送付される現況案内も、いずれはオンライン化されるでしょう。ただし、お客様との各種やり取りの多くはメールで行われることになり、お客様と実際に面談する機会が減るため、お客様の現在の住所を確認することが難しくなる点に注意が必要です。保険加入後に、住所変更等を保険会社へ通知することを失念するお客様も多いため、保険会社はお客様との連絡先を複数保持しておく必要があります。なお、加入時にお客様からヒアリングしたお客様のメールアドレスが正しくない場合は、お客様の個人情報が社外へ漏洩するリスクがあるため、お客様情報の入手や管理については厳格に対応する必要があります。

ところで、数年前から保険業界でも導入を始めたＲＰＡやＡＩなどのニューテクノロジーの導入について、新型コロナウイルスの感染拡大が動きに拍車をかけました。また保険商品においても、健康増進型保険の登場やニューテクノロジーを活用した商品付帯サービスが登場するなど、保険会社のオペレーションは複雑化の一途を辿っていますが、その運用には注意が必要です。たとえは悪いですが、かつてコンビニエンスストアで数多くのサービスを導入したものの、アルバイト店員の理解が追い付かずにトラブルが多発した話を思い出してしまいます。したがいまして、万が一トラブルが発生したときに備えて、人海戦術でリカバリーを行うバックアップ体制を構築しておくことも重要です。人件費削減と業務効率化によって、事業費をカットして保険料の引き下げに繋げる姿勢は重要ですが、結果的にお客様にご迷惑をかけるようになっては本末転倒です。実際、新たに導入したＡＩシステムがうまく働かず、トラブルが続いているという話もよく聞きます。保険はお客様の信頼と信用に基づくビジネスであるため、極力トラブルの少ない体制が求められます。

⑸ システム

金融機関の基盤となるシステムは非常に複雑であり、商品開発には多額のコストとリソースを必要とします。また、商品発売後は、長期間にわたって大量のデータを保有し続ける必要があるため、システム改修を行う場合は、既存のプログラムに上書き対応することが多く、プログラムミスが生じやすくなります。大手銀行のシステムトラブルが何度も発生して、社会的に甚大な影響を与えたニュースも記憶に新しいと思います。

また、日本には数多くの保険会社が存在しますが、使っている基盤システムも千差万別です。商品開発に要するシステム開発コストは、基盤システムによって数億円から数十億円と全く異なります。さらに、保険会社の使用しているシステムの特性により、相性が良い保険商品と相性が良くない保険商品が存在します。例えば、保障性商品に相性が良い基盤システムを使用している保険会社が、変額年金保険のような商品を開発して販売することはシステム開発にかなり労力を要します。システムの特性上、変額年金保険に必要な毎日の価格変動データを保有契約データに反映させることが困難なためです。したがって、どうしても自社のシステムと相性の良くない保険商品を開発しないといけない場合は、多額のコストと長い時間をかけて開発するか、別の基盤システムを新たに購入して併用するかの判断が迫られます。いずれにしても保険会社にとって商品開発のシステム開発負荷はかなり重いものとなります。

現在は、各保険会社においてFinTechの推進が進められており、保険商品も複雑化しています。また、お客様の健康状態のデータや、運転履歴のデータ等を基盤システムに取り組んで、将来的に魅力的な保険商品を開発することが期待されています。したがって、システム開発の能力は今後の保険会社の勝負を決める重要な要素の一つになることが想定されます。システム開発の能力が低い保険会社は、複雑な保険商品を開発できず、魅力的な商品付帯サービスもお客様に提供できないからです。

また、基盤システム以外にも、保険料の計算や設計書の作成に活用する保険募集人用のシステム、決算や収支分析を行うファイナンス部門用の数理システム、ビッグデータを解析して今後のマーケティング戦略を立案するマーケティング部門用のシステムなど、補助的なシステムを導入する保険会社が増えています。なお、これらのシステムは基盤システムと連動していることが多く、簡単な基盤システムの改修が、これらの周辺システムへ影響を与える可能性もあるため、システム改修時には、俯瞰的な視点で会社全体への影響度合いやリスクを慎重に検討することが必要です。また、システム改修にあたっては、外部ベンダーを活用する保険会社が多くありますが、社内におけるＩＴノウハウ蓄積の観点から、今後は内製化していくことが望ましいと考えられます。

(6) 商品付帯サービス

従来から、多くの保険商品には加入者に対する特典として商品付帯サービスが存在しています。この商品付帯サービスは、保険商品に加入したお客様に対して無料で提供されるタイプのものが多く、その内容は保険会社によって大きく異なります。古くからあるものとしては、海外旅行保険に付帯されているアシスタンスサービスが有名であり、海外旅行時の電話相談や緊急移送のサポートなど、サービス範囲は多岐にわたります。今では、自動車保険のロードサービスや医療保険のセカンドオピニオンサービスなど、数多くの商品付帯サービスが存在するものの、お客様から見た認知度は決して高くありません。私自身は、損害保険会社に勤めていた際に商品付帯サービスを担当していた時期があり、今では個人契約者として商品付帯サービスを積極的に活用しています。例えば、夜中に自宅の水道管が詰まったとき、火災保険の商品付帯サービスを利用して業者へ連絡をとり、すぐに修理してもらったことが何度かありま す。商品付帯サービスの存在を知っていれば、無駄な出費や不安を解消できたお客様も数多くいるはずです。

なお、従来の商品付帯サービスは電話による応対が一般的でしたが、FinTechの推進により、今まででは考えられなかった商品付帯サービスが開発できる環境が整いました。例えば、自動車保険で事故を起こした際に保険会社へすぐ連絡がいくサービス、体調に問題が生じた際に、チャットによりすぐに専門医からアドバイスがもらえるサービスなど、電話によらない商品付帯サービスが出てきています。提携しているホテルに割引料金で宿泊できるなど、加入している保険商品の内容と関係がない商品付帯サービスも数多くありますが、今後の主流は保険商品の内容と密接にリンクした商品付帯サービスになるはずです。今流行りの健康増進型保険の商品付帯サービスなどはその最たるものですが、それ以外にも特定の疾病を重点的に保障する保険商品で、その疾病の予防と再発防止を行う商品付帯サービスは今後も増加していくことが予想されます。がん保険や認知症保険においてそのような商品付帯サービスは既に存在していますが、それ以外の成人病や女性特有の疾病にフォーカスした商品付帯サービスも今後出てくると考えられます。また、商品内容に連動した防災アプリの開発を行っている損害保険会社もあります。

保険業界における商品開発競争は激しさを増すばかりであり、いずれは採算分岐点を割り込んで、保険料競争を諦める保険会社も出てくるはずです。そのような環境下で、魅力的な商品付帯サービスを用意できれば、保険商品選択の後押しになるケースも増えるはずです。すでに、多くの保険会社はスタートアップベンチャーをはじめとした、多くのＩＴ企業と深耕を図っており、魅力的な商品付帯サービスの開発に余念がありません。また、今後さらにテクノロジーが発展すれば、今の我々では想像できない商品付帯サービスが登場し、保険業界の活性化に繋がる可能性があります。

(7) 人材

日本は少子高齢化社会ということもあり、近年は多くの企業が血眼になって若い人材を求めています。超売り手市場であり、若い優秀な人材は引く手あまたの状況が続いていました。保険業界も例外ではなく、新卒や第二新卒の若い人材であれば、すぐに多くの保険会社から内定を得られていました。しかし、新型コロナウイルスの感染拡大がこの状況を一変させました。多くの保険会社では在宅勤務が中心となり、コミュニケーション手段のほとんどはオンラインに変わりました。その結果として、未経験の社員へ教育を行う余裕がなくなりました。リモートワークの弊害の一つといえます。一方、多少年齢が高かったとしても即戦力として働くことができる実務経験者に対するニーズが高まることとなりました。求人に際して、新型コロナウイルス前であれば、是非とも入社してもらいたい若くて優秀な人材であっても、未経験者ということで泣く泣く断らざるを得ない局面が増えています。もちろん、新型コロナウイルスが収束すれば、またもとの状況に戻り、多くの保険会社は若い人材を中心とした採用に戻るはずです。

ただし、テクノロジーの発達により業務効率化が進み、多くの保険会社が人員削減に着手する中で、保険会社が求める人物像が変わっていくのではないかと考えています。もちろん、若くて愛社精神があり、一生懸命汗を流して働く人材は貴重です。しかし、実務経験が豊富で自分で何かを生み出せる優秀な人材であれば、年齢を問わずにニーズが高まっていくのではないかと考えています。最近は定年年齢を60歳から65歳へ引き上げる保険会社も増えてきており、4月に施行された高年齢者雇用安定法の改定により、定年を70歳まで引き上げる努力義務が企業に課されることになりました。

もちろん、高年齢者の誰もが多くの企業から望まれるというわけではありません。しかし、保険業は、多くの法律やガイドラインを遵守して遂行することが求められる業種であり、豊富な経験を有する高齢者が活躍する余地はかなり高いと考えられます。いずれにしても、今後求められるのは、ＡＩが対応できない業務を行う人材や創造性を発揮できる人材であることは間違いないと思います。

さらに、保険業界においては女性管理職を増やすことが喫緊の課題となっています。「日本の保険会社において女性社員数は多いものの、女性幹部が少ないのはなぜか？」と聞かれることがよくありますが、理由は簡単です。昔はどの保険会社も新卒の女性総合職を極めて少人数しか採用していなかったためです。その結果、現在の日本の保険会社の幹部社員は男性比率が圧倒的に高くなっており、現在は無理して女性管理職を増やそうという動きが広まっています。保険会社の女性総合職である知人から聞いた話ですが、若いときに「男性と同じ結果しか残せないのであれば、女性の君を評価しない」と上司から言われたとのことです。今ではとても信じられない話ですが、当時の保険業界の極めて保守的な価値観を示している言葉だと思います。もちろん今日の保険業界においては、新卒社員に占める女性社員の割合は飛躍的に高まっており、状況は時間の経過とともに改善していくと思います。なお、女性管理職問題に限らず、ダイバーシティの意識の醸成は、決して建前上の問題ではなく、職場において従業員の能力を最大限に活用するためにも非常に重要なテーマであると考えています。

(8) オフィス環境

新型コロナウイルスの感染拡大により、多くの企業はリモートワークできる体制を整えて在宅勤務へ移行しました。その結果、多くの従業員は通勤地獄から解放されて、余分な時間を持てるようになったため、今まで足りなかった睡眠時間を増やす人や、趣味の時間に充てる人も増えてきました。それまでは、実際に面談して直接話をすることが重要だと考えていた営業部門の人達でさえ、実は多くの営業活動はオンラインで代替可能であることに気づきました。もちろん、人情として、実際に会って話をすれば心が動きますし、親密なコミュニケーションが可能なため、便宜を図ってもらえる機会も増えます。また、センシティブなテーマに関するやりとりは、やはり対面でないと難しく、誤解を招く可能性があります。このように在宅勤務が長期間にわたって続いた中で問題視されたのが、都心の一等地にある広大なオフィスの存在です。お客様からいただく保険料は、純保険料と付加保険料に分かれます。付加保険料の内訳として、このようなオフィスの賃料も含まれています。今後も商品開発競争が続く中で、事業費の削減は不可欠であり、オフィスの賃料を引き下げるのはもっとも手っ取り早い手段といえます。保険は信頼と信用に基づくビジネスであるため、都心の一等地にオフィスを構えることは、お客様の信頼を高めて、従業員のロイヤリティー醸成に役立つという考えもありますが、必ずしもマストの要件ではないと思います。都心のオフィスを縮小することや郊外に移転することは、このご時世では十分社会的な理解が得られるアクションのはずです。保険会社はもともとペーパービジネスと呼ばれていますが、SDGsによりペーパーレスの方向であるため、オフィス環境における改善の余地は大きいと思います。紙の消費量の削減はもちろん、電力使用を抑えてCO_2排出量の削減に貢献するために、オフィスビルの縮小は重要な選択肢となるはずです。もちろん、対外的な関係もあるため、オフィスを完全に無くすことはできません。

なお、従業員から見た観点でいえば、ペーパーレス化が進んでいる昨今において、インターネットが使用できる環境があれば勤務地にこだわらない人が増えてきました。事実、私の職場では地元に戻ってリモート環境で働いている従業員がいます。出社が必要な際は、出張扱いでオフィスに来れば問題ないはずです。従来の保険会社は、従業員が希望するか否かにかかわらず、東京などのオフィスに通える地域に住むことを求めてきました。親の介護等で地元に戻りたいがために、保険会社におけるキャリアを捨てざるを得ない人も大勢いました。しかし、今後は遠隔地勤務を認める保険会社が増えていき、それ自体が優秀な人材を惹きつけるＰＲ材料になると考えています。

⑼ その他

最近は大手の生命保険会社や損害保険会社が少額短期保険会社の子会社を設立して、グループとして少額短期保険の販売を推進するというニュースを多く聞くようになりました。入居者の孤独死にかかる諸費用を補償する保険商品、急用でイベントに参加できなかった場合のチケット代金を補償する保険商品、痴漢冤罪事件に巻き込まれた場合や痴漢被害を受けた場合の弁護士費用を補償する保険商品、新型コロナウイルス感染症やその他の感染症に罹患した場合に一時金が支払われる保険商品など、ユニークな保険商品が数多くあり、現在非常に注目されている分野です。しかしなぜ、自社で商品を開発して販売しないのか、疑問に思う人も多いと思います。もちろん保険業の免許ごとに販売できる保険商品の制限があることも理由だと思います。ただしそれ以外にもいくつか理由があり、その最大の理由は、少額短期保険の使い勝手の良さであると思います。一般的に、生命保険会社や損害保険会社が新しい保険商品を開発する場合は、十分な社内検討が必要であり、その後も当局の認可を取得して、システム開発や募集体制の準備を行う必要があり、莫大な時間やコストを必要とします。

一方、少額短期保険会社の場合は、保険会社と比べると参入が容易であり、機動的な商品開発が可能である点が大きいと思います。もちろん、少額短期保険の場合は、販売できる保険商品の保険金額や保険期間等に制限があるため、爆発的な販売量は望めません。しかし、保険会社にとって、ローコストで実験的な保険商品の発売ができることや、自社の保険商品を販売するためのドアオープナー的な役割を果たせること、インターネットで若年齢層などの新たなマーケットを開拓する際に有効であることは十分なメリットであると考えられます。保険会社における既存の保険商品の収益性が減少している今日において、実験的な取組みを行うことは重要であり、今後も継続されていくと考えています。ただし、資本金が十分でないことと専門人材の不足が喫緊の課題です。

話は変わりますが、私は、損害保険業界および生命保険業界において20年以上商品開発に携わってきました。いずれの業界においても商品開発時にポイントとなるのは、どれだけ有用なデータを保有しているかでした。昔は、損害保険料率算出機構が算出する参考純率や、日本アクチュアリー会が作成する標準生命表以外に、保険料率の算出に使われるデータは、厚生労働省の「患者調査」や「人口動態調査」などの限られた一般統計データしかありませんでした。その結果として、算出可能な保険料率およびリスク区分には限界があり、他社商品との差別化は困難でした。しかし、現在では各保険会社は自社が保有する実績データを集めて保険料算出を行うことが一般的となりました。また、健康保険組合の加入者データをユニークコード化して保険会社に販売する会社が複数出てくるなど、商品開発に使用できるデータは広がりを見せています。さらには、FinTechの推進により、保険会社はスタートアップのベンチャー企業や医療機関など、幅広く提携活動を行っており、その過程で商品開発に役立つデータが入手できる可能性があります。また、お客様や自社従業員にウェアラブル端末を装着してもらい、健康データの入手に積極的に取り組んでいる保険会社もあります。もちろん、先行投資として数多くの取組みを行う中で、有効なデータが得られないケースも数多いと聞きます。しかし、何も取組みを行わないとデータは一切入手できません。

なお、蓄積したデータは実際に活用できないと意味がありません。商品開発への活用はあくまでも一例であり、収益性分析や、商品付帯サービスへの活用やリスク管理等、保険会社における活用方法は多数考えられます。そのため、多くの保険会社はデータサイエンティストの採用や育成に精を出しています。

私がアクチュアリーであるから主張するわけではありませんが、いずれは、データを制する保険会社が市場を制圧する時代が来るであろうと心から思っています。

7 おわりに

日本は混沌の時代に突入しました。明るい未来像が描けずに将来を悲観している若者は数多くいます。そのような中で新型コロナウイルスの感染拡大が起こり、追い打ちをかける状況になりました。日本の経済は停滞している上に、超少子高齢化で人口は減り始めています。このような将来への不安材料が、日本の出生率をさらに押し下げている一因になっていると考えています。

保険業界は、１９９６年に始まった規制緩和と自由化という一大イベントから四半世紀を迎えました。今までの保険業界は、どちらかというと安定した業界であり、オーソドックスな戦略を採用して、他社の活動を真似すれば、ビジネスが失敗することはほとんど考えられませんでした。バブル崩壊後にいくつかの保険会社が破綻しましたが、ほとんどは運用リスクが顕在化したことが原因であり、低金利が続いている現在において同じ過ちを犯す保険会社が現れるとは考えにくい状況です。

しかし、本書にも述べたように、現在の保険業界においてはネガティブな事柄が多過ぎるため、楽観的な未来を想像している関係者はほとんどいません。ただ単に他社と同じ保険商品を開発して販売すれば高い収益を得られた甘い時代が終わりを告げたことは間違いありません。今までのように安定した業界ではなくなり、他の産業のようにいつ衰退するかもわかりません。保険業界で働く友人と話すと、「いかに定年まで逃げ延びることができるか」を真剣に考えている人が大勢います。

そうはいうものの、保険という機能は社会において絶対に必要不可欠なものであり、将来的にも無くなることはないと確信しています。経済的に困った人を助ける役割は重要であり、公共性の高い事業であるからです。これからの保険会社の経営陣には、この難局をハンドリングして、自社を適切な場所にランディングさせる強いバランス感覚が求められます。そのためには、保険業界内外の幅広い情報を入手、正しく分析して、効果的な戦略実行へ繋げる能力が求められることとなります。不幸にも失敗した保険会社はいずれ淘汰される可能性があります。生き延びるのは、ピンチをチャンスと捉えて前向きな行動を起こせる保険会社のはずです。厳しい環境にありますが、今後も保険業界が健全に発展していくことを切に願っていますし、保険業界の健全な発展が社会基盤の安定化をもたらし、ひいては停滞感のある日本経済の成長に向けた礎になると信じています。

野口俊哉　のぐち　としや

1968年10月5日山口県生まれ。1993年3月慶応義塾大学理工学部数理科学科を卒業後、1993年4月、三井海上火災保険株式会社（現三井住友海上火災保険株式会社）に入社。リテール営業、コマーシャル営業、商品開発、商品管理、商品営推、アンダーライティング、数理業務等を担当。2005年4月、三井住友海上シティインシュアランス生命保険株式会社（現三井住友海上プライマリー生命保険株式会社）に出向。商品開発、数理業務、再保険等を担当。 2007年7月、SBI生保設立準備株式会社（現アクサダイレクト生命保険株式会社）に入社。商品開発、営業管理、広報、企画調査等を担当。2012年6月、チューリッヒ・ライフ・インシュアランス・カンパニー・リミテッド日本支店（現チューリッヒ生命保険株式会社）に入社。商品開発、契約者サービス、マーケティング、広報、ブランディング、CSR、SDGs等を担当し、経営の立て直しに成功。

保険業界2.0

2021年12月28日　初版発行
2023年 5月24日　第3刷発行

著者　　野口　俊哉

発行者　加藤　一浩

発行所　一般社団法人金融財政事情研究会
〒160-8519　東京都新宿区南元町19
電話　03-3355-1770（編集）
03-3358-2891（販売）
URL　https://www.kinzai.jp/

※2023年4月1日より発行所は株式会社きんざいから一般社団法人金融財政事情研究会に移管されました。なお連絡先は上記と変わりません。

デザイン　松田行正＋杉本聖士

印刷　日経印刷株式会社

ISBN978-4-322-14011-8